YO SOY EL SENDERO

A TRAVÉS DE LOS GRANDES MAESTROS

YO SOY EL SENDERO
A TRAVÉS DE LOS GRANDES MAESTROS

Saint Germain

Grupo Editorial Tomo, S. A. de C. V.
Nicolás San Juan 1043
03100 México, D. F.

1a. edición, junio 1999.
2a. edición, septiembre 2000.
3a. edición, marzo 2002.
4a. edición, noviembre 2004.
5a. edición, noviembre 2006.
6a. edición, noviembre 2008.
7a. edición, mayo 2011.

Nicolás San Juan 1043, Col. Del Valle
03100 México, D.F.
Tels. 5575-6615, 5575-8701 y 5575-0186
Fax. 5575-6695
http://www.grupotomo.com.mx
ISBN: 970-666-182-4
Miembro de la Cámara Nacional
de la Industria Editorial No 2961

Diseño de portada: Trilce Romero
Diseño tipográfico: Rafael Rutiaga
Supervisor de producción: Leonardo Figueroa

Impreso en México - *Printed in Mexico*

PREFACIO

Desde el insondable abismo del "Enorme Silencio" y gracias a la vibración y oportunidad que la Luz Cósmica brinda en esta Nueva Era, los Maestros Ascendidos y Grandes Seres imparten nuevamente sus enseñanzas. Mismas que versan, entre otras, sobre la Ley Eterna de la Vida, la actividad del YO SOY, así como de la comprensión por Amor, la Alegría, la Felicidad, el Fuego Sagrado, la Luz y su Victoria, los sentimientos, la verdadera acción y el poder del silencio.

Estos conocimientos son tan vastos que el lector descubrirá a medida que penetre en ellos, "Diamantes de Luz", que iluminarán su Ser.

El presente volumen ha sido dividido en varias lecciones con el propósito de que el interesado pueda acercarse más al sublime conocimiento vibracional.

Desde el "Enorme Silencio", los Maestros Ascendidos invitan al estudiante a trasponer el umbral de la palabra escrita, y a subir tan alto como lo permita su propio Amor.

LECCIÓN 1

PRIMER DISCURSO DEL GRAN DIRECTOR DIVINO

La atención al Amor milagroso del Fuego Sagrado

Mi Bien-Amado:

Quiero regalarte un don que podrás usar en todo momento, una vez que hayas comprendido tu conexión Conmigo y la Autoridad que YO SOY, para las Corrientes de Vida de esta Tierra. Si posees la convicción profunda y si te comportas en la vida practicando la Unión de tu presencia y tu Cuerpo Mental Superior Conmigo, podrás invocar el Amor Milagroso del Fuego Sagrado y anclar este Amor en ti y a tu alrededor. Esto me permitirá cargar en ti algunas Actividades del Fuego Sagrado cuyo único Regente Soy Yo.

Si concentras tu atención en el Amor Milagroso del Fuego Sagrado y lo invocas, con plena consciencia de la Unidad de la Llama de tu corazón con los Maestros Ascendidos y Conmigo Mismo, podría Yo anclar en ti y a tu alrededor, la Protección de mi Autoridad que tu Cuerpo Mental Superior necesita con el propósito de darte el uso físico de la energía de tu Poderosa Presencia YO SOY en tu Corriente de Vida.

La importancia de los sentimientos

En un discurso anterior te expliqué la importancia de tus sentimientos. Si tuvieras una total certeza y una confianza absoluta en mis palabras, podrías liberarte en pocas horas de perfecta concentración.

¿Recuerdas lo que he dicho? Yo te he envuelto en la Llama de Mi Corazón, incluso sin pedirte autorización. La potencia del sentimiento es tanta, que si te tranquilizas invocando Mi Amor Milagroso del Fuego Sagrado en ti, podrás en poco tiempo reordenar toda tu vida exterior y devenir en acción externa esta Perfección que es indispensable para el cumplimiento del Plan Divino.

Has leído lo que he dicho, e incluso, si lo recuerdas, no ha actuado en tu intelecto y sobre todo en tus sentimientos, porque estás constantemente preocupado por la agitación de la vida cotidiana.

Al instituir el Rito de la Eucaristía, dijo Jesús: "Hagan esto en memoria mía". Esto significa que cada vez que se practica dicho Rito, se recuerda a Jesús, Su Amor y Su

Enseñanza y, de esta forma, se abre por completo la Puerta por la que nuestra Presencia Solar puede entrar en ti, purifícate y comunica a otros Nuestra experiencia de Maestría y de Soberanía.

Si llamas a la Autoridad de Mi Amor Milagroso sobre toda Vida, puede operar en ti, después de una larga concentración (de 5 a 6 hrs.) un cambio tan completo que serías desconocido por tu propio entorno.

A través de los siglos he realizado esto miles de veces para todos aquellos que fueron admitidos en la Gruta de Luz de la India.

Quienes fueron sometidos a Mi Radiación partieron en sus cuerpos purificados y vivieron entre 12 y 15 siglos, libres de toda limitación antes de su Ascensión. Pero hay que rechazar la agitación y los tormentos del mundo, el suficiente tiempo para que el Amor Milagroso del Fuego Sagrado pueda producir la transmutación.

Lo que te he brindado, te lo ofrezco para siempre. El Fuego Sagrado de la Vida, las Llamas del Corazón de los Maestros Ascendidos y Yo mismo, estamos siempre dispuestos a realizar lo que hemos prometido.

A ti te corresponde rechazar el mundo exterior y estoy obligado a aceptar que tienes el suficiente valor para hacerlo.

Ten por lo tanto, la determinación inquebrantable y dí a todo lo que es del mundo exterior: "¡A un lado! Yo deseo amar y adorar a mi Dios. Mi Poderosa Presencia YO SOY". Entonces el Fuego Sagrado y su Amor Milagroso entrará y habitará en ti y controlará para siempre las circunstancias exteriores que te rodean.

Jesús dijo: "Vengan a Mí y yo les otorgaré la Fuerza y la Paz". Y Yo te digo: "Ven bajo mi Autoridad del Fuego Sagrado y te brindaré Mi Autoridad sobre la Vida de este mundo y disolveré las sombras que te oprimen".

Haré para ti lo mismo que hice para Rex, Nada y Perla. Por la Radiación de Mi Frente y de Mi Corazón desvanecí las sombras y la sustancia descalificada de la creación humana. Entonces la Luz de sus Corazones pudo expandirse totalmente y devenir la Autoridad y la Maestría que permiten que se cumpla el Plan Divino. Atraigo tu atención al respecto porque quiero ayudarte y liberarte muchos años antes de tu Ascensión. Quiero verte vivir feliz, sin tormento ni obstáculo.

Medita en mis Palabras y repite la Afirmación: "YO SOY el Amor Milagroso de la Autoridad del Gran Director Divino sobre toda Vida, y yo habito en su Amor Milagroso del Fuego Sagrado".

Por tal razón, toma tu posición, toma una actitud de mando y ordena la retirada de todo lo que es del mundo exterior. Debes hacerlo de una manera impersonal. Nunca deberás hablar así a los hombres, porque la Llama en su Corazón es la Única Llama de la Vida.

Es a la creación humana a la que se debe ordenar con el sentimiento de la Autoridad de la Presencia Divina y del Fuego Sagrado en ti. No hay lucha posible con el Fuego Sagrado, ni con la Presencia YO SOY, ni Conmigo. Te envuelvo en la calma, la Paz y la Gloria Soberana de la

Llama Divina del Fuego Sagrado que tú eres. Transforma todas las cosas y produce la Perfección en esta Tierra.

Sé la Victoria de la Octava de los Maestros Ascendidos en este mundo. Manda gozoso. Incluso una pequeña fuerza viva en esta actitud y este Decreto, hará brotar la Llama que transmuta toda apariencia. Te ofrezco la autoridad de mi Amor a fin de conducirte sin lucha y sin tropiezos al Dominio de la Vida.

¡Te envuelvo en la Felicidad del Amor Milagroso de la Presencia visible y tangible del Fuego Sagrado; en la Presencia Solar de tu Victoria, para siempre!

YO SOY el Amor Milagroso de la Autoridad del Gran Director Divino sobre toda Vida y yo habito en Su Amor Milagroso del Fuego Sagrado.

Decretos

Por el Nombre y la Victoria de la Poderosa Presencia YO SOY y por la Octava de la Perfección de los Maestros Ascendidos, yo prohibo que jamás pueda manifestarse la discordia por mí o a mí o a no importa qué fragmento de Vida en el Universo. Yo ordeno esto especialmente para todos los que se encuentran bajo esta Radiación.

¡Oh, Poderoso YO SOY!

En el Nombre del Amor, de la Sabiduría, del Poder, de la Autoridad y de la Victoria de mi propia Poderosa Presencia YO SOY, yo solicito, yo ordeno, yo insisto y YO SOY esta Poderosa Presencia YO SOY, que obliga y mantiene para siempre: ¡que nunca sienta yo sufrimiento en el cuerpo!, que nunca la discordia, la lucha o los problemas se manifiesten en mí o en mi campo de acción; porque yo he penetrado en el Reino del Corazón divino y la plena Autoridad del Poder y de la Victoria de este Amor Divino, que trasciende todo concepto humano y son mi invencible Victoria y Libertad, ahora y eternamente.

¡Oh, Poderoso YO SOY!

En el Nombre del Amor, de la Sabiduría, del Poder, de la Autoridad y de la Victoria de mi propia Poderosa Presencia YO SOY, yo solicito, yo ordeno, yo insisto y YO SOY esta Poderosa Presencia YO SOY que obliga y mantiene para siempre: ¡que YO SOY la Presencia Iluminadora, Purificadora, Consumidora, Liberadora, Victoriosa y que eleva todo lo que yo contacto! Yo reivindico toda la Herencia de mi propia Llama Divina de la Poderosa Presencia YO SOY y yo pido, yo ordeno que mi Ser y mi ámbito sean Su manifestación, con el propósito de bendecir toda Vida por su invencible Victoria y su Libertad de la Luz para siempre jamás.

¡Oh, Poderoso YO SOY!

En el Nombre del Amor, de la Sabiduría, del Poder, de la Autoridad y de la Victoria de mi propia Bien-Amada Poderosa Presencia YO SOY, yo solicito, yo ordeno, yo insisto y YO SOY esta Poderosa Presencia YO SOY, que obliga y mantiene que: ¡nunca olvide yo el Poder de la Luz de la Gruta de Luz en la India; yo ordeno que toda la Potestad y la Victoria de esta Luz, entren en acción para desembarazar mi Camino y para Producir el Cumplimiento del Plan Divino en todo lo que quiero realizar!

Nunca olvide yo poner mi atención en el Disco de Luz que el Gran Director Divino ha puesto en mi cuerpo emocional, ahora y para siempre.

¡Oh, Poderoso YO SOY!

YO SOY el Amor Milagroso de la Autoridad del Gran Director Divino, sobre toda Vida, y yo habito en Su Amor Milagroso del Fuego Sagrado.

La tendencia a producir fenómenos

No existe ningún interés en producir fenómenos, porque esto se ha hecho en los siglos anteriores y los seres humanos han sido atraídos por la curiosidad, pero no han querido hacer el esfuerzo necesario para purificarse, al grado de que puedan utilizar estos poderes inherentes a la Vida, sin peligro para ellos mismos y para los demás. En la Instrucción YO SOY que te doy actualmente, el proceso es inverso. Estás obligado a purificarte, y obtener un cierto nivel de conciencia de Unión, con el Amor Milagroso del Fuego Sagrado, antes de recibir el uso de los poderes en tu Vida.

Por el sentimiento de la Unión de la Llama de Amor de tu Corazón con la Llama de Amor del Corazón de los

Maestros Ascendidos y la Llama de mi Corazón, formamos la Llama de Honor, del Gran Amor Milagroso y perenne.

Una gota de agua aislada del océano no se desplaza rápidamente, pero una gota de una gran corriente, viajará con rapidez. Si por un sentimiento de Unión de la Energía de tu Vida te unes a Mí y a mi Autoridad y Mi Amor Milagroso por toda Vida, alcanzarás, casi de inmediato, la Inmortalidad. No hay inmortalidad ni manifestación permanente sin el Amor Milagroso del Fuego Sagrado. Este Amor debe llenar y envolver toda manifestación para darle un carácter permanente.

LECCIÓN 2

SEGUNDO DISCURSO DEL GRAN DIRECTOR DIVINO

El respeto al cuerpo

¡Oh, tú, que ya eres el Bien-Amado de mi Corazón! Mientras que me dirijo a ti, siente que entras cada vez más profundamente en la Llama de mi Corriente de Vida.

Durante siglos hemos dado una gran ayuda a la humanidad, pero es evidente que esta ayuda debe intensificarse. Por lo tanto, hemos decidido emplear algunas Actividades del Fuego Cósmico que son irresistibles.

Por el Poder concentrado en la Gruta de Luz (en la India), la creación humana en los cuerpos físicos, los sentimientos y la mente de los Estudiantes que allí se preparan, se consume y son liberados, haciendo presente la Victoria y el Poder de la Luz. De esta forma, emisiones de la Gran

Luz Cósmica, prestan un servicio similar para América y la Tierra. El planeta pasa por Iniciaciones purificadoras. Es por lo que convergen los Poderes del Fuego Cósmico que vienen directamente del Gran Sol Central y del Sol físico, entran en una Actividad concentrada en la atmósfera inferior de la Tierra, y ahí consumen todo lo que no tiene el derecho de vivir, todo lo que carece de resultado constructivo y que constituye una impureza en la Vida.

Quiero hacerte sentir, que es indispensable que recuerdes varias veces al día que la estructura atómica de tu cuerpo físico es un recipiente en el que tu Bien-Amada Presencia YO SOY, ha puesto su Fuego Eterno. Al habernos ofrecido la Ayuda del Fuego Sagrado de nuestra Octava, hemos envuelto tu "recipiente de vida" en nuestro Fuego Cósmico. Recuerda a la mente exterior, que este cuerpo debe ser respetado y tratado como un Vaso de Cristal precioso.

Los seres humanos se han sumergido en la depravación y han deshonrado la Vida porque no han sabido respetar sus cuerpos.

El cuerpo y sus deseos

Hoy, Yo cargo a través del continente americano, Grandes Corrientes de Fuerza Electrónica y Fuego Cósmico, con el propósito de despertar en sus habitantes un sentimiento de honor y de respeto que deben al yo externo, con el objeto de que llegue a ser éste un receptáculo adecuado para las cualidades divinas que realizan la Salvación. Simultáneamente a esta acción concentrada del Fuego

Cósmico, a través de los cuerpos físicos de la humanidad, nosotros, los Maestros Ascendidos, establecemos una Actividad consumidora en las Esferas Interiores, con el ánimo de disolver los deseos que han llevado estas terribles condiciones de Vida al plano físico.

Todos los sufrimientos y las aflicciones, se producen porque la humanidad se ha puesto deliberadamente, en conflicto con el derecho inherente a la Vida, de manifestar la Perfección, la Justicia Divina, la Pureza eterna que dan una Felicidad eterna.

Al igual que se arrancan los colmillos venenosos de una víbora, de la misma manera será necesario retirar del sentimiento de los humanos, y de todo ser viviente de esta Tierra, las tendencias a producir limitaciones, torturas y destrucción. Los humanos, hundidos en la discordia autogenerada, deberán inclinar la cabeza ante los que son la Autoridad en el Universo. Individuos desafortunados, por la determinación incontrolada para destruir y mutilar lo que las Grandes Actividades constructivas de la Vida han puesto en manifestación, provocan el choque de retroceso de la degradación que han impuesto a la Vida divina.

Los seres de los Elementos

Los Seres de los Elementos, sufren por la manera deshonrosa con que la humanidad impura y discordante, los emplea y tarde o temprano dichos seres, rechazan esta acumulación degradante y la envían de nuevo sobre los humanos.

Todo esto ha sido engendrado por la terrible acumulación de egoísmo.

La humanidad requiere de un choque que la despierte del letargo en que ha caído y le haga tomar consciencia de que los bienes de esta Tierra, no pertenecen a los que quieren privar a los demás de sus Derechos Divinos.

El día que el Fuego Cósmico haga sufrir a los individuos, y a las situaciones discordantes, el choque de retroceso de su acumulación destructiva, no se sorprendan, ni se preocupen de nada, excepto de dar la cara a su Bien-Amada Presencia YO SOY y de llamar en acción siempre, más Fuego Cósmico del Cristo Victorioso, con el propósito de consumir todo lo que busca destruir y limitar la Vida.

Una vez que se llega al grado en que la depravación de los seres y de las fuerzas pueden incitar a los gobernantes, en todas partes del mundo, a abusar de su autoridad para la satisfacción de motivos personales egoístas —algo que en el mundo entero se practica con frecuencia—. Yo te advierto que el peligro es sumamente grande. He ahí la situación en que se encuentran los seres humanos. De ninguna manera, podrá la humanidad continuar destruyendo y abusando de las cosas que se han colocado en este planeta para producir en él una felicidad permanente, y la Perfección para toda Vida.

El privilegio es tuyo, y tuya también la responsabilidad de llamar al Fuego Cósmico del Cristo Victorioso en acción, y ordenar que el menor fragmento de sustancia sea retirada instantáneamente, de los que quieren abusar de ella para destruir a los hombres o para convertirlos en esclavos de la depravación. Pide porque sean castigados aquellos que quieren domesticar la Energía de la Vida haciendo un mal uso de ella.

La autoridad del Fuego Cósmico

Al ser la Autoridad, tienes el poder de pronunciar el "Fiat" que ordena al Fuego Cósmico, que se retire la energía de todas las organizaciones y planes destructivos.

Si eres constante al pedir que toda energía y toda posibilidad de acción, cualquiera que ésta sea, se alejen de aquellos con planes destructivos y que proyecten emplear los recursos de su país para destruir, ¡puedes provocar un choque en retroceso, que será dirigido exclusivamente, sobre estos seres malignos y se verá entonces quién tiene el Poder!

¡El Fuego Cósmico del Cristo Victorioso, es el Único Poder y la Autoridad en todo el Universo¡ ¡Tu Bien-Amada Poderosa Presencia YO SOY, el Poderoso Helios, que dirige el Sol físico y los Grandes Seres Cósmicos que gobiernan la Vida del Gran Sol Central son la Autoridad! ¡YO SOY, Yo deseo que sientas en cada fibra de tu Ser, que el Fuego Cósmico del Cristo Victorioso es la Autoridad Suprema! ¡YO SOY!, ¡Yo te abrazo con este Fuego! ¡He decidido hacer vivir en ti esta Llama, y darte todo el valor y todo el Poder necesarios para pulverizar instantáneamente toda fuerza destructiva, por tu Llamada!

Deseo que, por cada fibra de tu Ser, sepas que este Fuego del Cristo Cósmico no es solamente la Realidad, sino que es también la Autoridad llamada a manifestarse exteriormente en todas partes.

Este Fuego Cósmico ha sido, es, y será eternamente, la Autoridad en los planos interiores y nada puede impedirte reemplazar la falsa autoridad humana por la Autoridad del Fuego Cósmico, ahora en la Octava física. ¡Si deseas decretarlo!

En la actualidad, en lo que te concierne individualmente, deseo que sientas ¡qué real, qué poderosa y Victoriosa es la Llama Cósmica de nuestro Amor!

Deseo que comprendas que, en cada momento, puedes entrar en esta Llama y en ella recibir todo lo que necesitas, ¡todo el Fuego del Cristo Cósmico, necesario para hacerte triunfar sobre las condiciones destructivas de este mundo!

Muy cerca del Fuego Sagrado

Quiero que sientas, qué cercano está el Fuego de ti y cómo puedes entrar en Él libremente cuando lo desees. En cualquier circunstancia y en todo momento, puedes penetrar en esta Llama y, si creas el hábito de aceptar su Realidad, ¡sentirás que este Fuego Cósmico te penetra y te abraza!

Durante siglos, he tenido a aquellos que venían a la Gruta de la Luz para sus iniciaciones en la Llama de Amor de Mi Corazón. Y bien, puedes ahora volverte hacia Mí, llamarme, penetrar en Mi Llama y sentirla pasar a través de ti. ¡Por el Mandato consciente , he establecido esta Llama para liberar la Vida! Lo he realizado un siglo tras otro.

Puedes venir a Mí y mantenerte en la Llama de Mi Corazón, como si te pusieras frente a un calefactor para absorber su calor y permanecieras ahí hasta que te sintieras cómodo y en armonía, gracias al calor que este aparato otorga.

Cuando pongas tu atención en Mí, y vivas en la Llama de Mi Corazón, podrás sentirla pasar a través de tu forma física, cumpliendo para ti lo que sólo esta Llama puede producir.

Esto no es un producto de la imaginación humana. ¡Soy Real! ¡Sé lo que te brindo y nada puede cambiarlo!

A través de los siglos, he liberado millares y millares de Corrientes de Vida por esta Actividad precisa que dirijo por mandato consciente. Yo les digo a los que quieren ser más libres de las limitaciones de la Tierra: "¡Acepten mis dones!".

Acostumbra a tu yo exterior a comprender que, desde que estás frente a la Carta o Gráfica y tu atención va hacia tu Bien Amada Poderosa Presencia YO SOY, Tu Llama Violeta se vierte de inmediato a través de ti; puedes sentir esta acción intensificándose constantemente, levantando la tasa vibratoria de tu carne, hasta el punto en que ésta ya no te causará más perturbación ni discordia de ninguna clase.

Utiliza la Llama Violeta

Crea el hábito de aceptar y sentir la Llama Violeta Consumidora, no importa cuándo. Tan pronto como vuelvas tu atención hacia la Presencia; ordena a tu yo exterior que se mantenga tranquilo hasta que sientas surgir la Llama a través de ti. Una vez hecho esto, ordénale que consuma todo lo que no es Su inmortal Pureza. Puedes hacer algo similar al invocar la Llama Espontánea de tu Corazón. Dirigiendo tu atención hacia tu Presencia o hacia tu Carta o Gráfica, siéntete inmediatamente envuelto en la Llama Espontánea y habita en Ella hasta el momento en que tu concentración te dé el sentimiento de Paz, de equilibrio y de control perfectos tan palpables como no existen en el mundo físico. Puedes entrenarte para sentir estas Llamas conscientemente y cuando lo desees, por tu propia orden consciente. ¡Entonces no tardarás en obtener la prueba de que el Fuego Cósmico no es una creación de la imaginación humana!

La acción del Director Divino

Si quieres Mi Asistencia para ayudarte a rechazar más rápidamente toda creación humana y liberarte de estas limitaciones, visualízate mentalmente viniendo hacia Mí y permaneciendo de pie frente a Mí, hasta que la Llama de Amor de Mi Corazón haya penetrado en tu forma física y haya cambiado en ti todas las tasas vibratorias y sientas la Paz, la Pureza y el Poder de Mi Amor, ¡que es el Fuego Cósmico dirigido hacia la Tierra! Si deseas los Dones con los que puedo colmarte, acéptame, como aceptas el calor de un aparato. ¡Yo tengo un poder muy distinto! El Fuego que Yo dirijo puede hacer mucho más por ti que el calor de un calefactor.

Aún no estás convencido de que puedo alcanzarte y tocarte a cada momento. No obstante, puedo hacerlo.

¡Puedes vivir en el Rayo de Luz que regresa a ti, cada vez que vuelves tu pensamiento y tu sentimiento hacia Mí!

En este Rayo de Luz, se encuentra la proyección del Fuego Cósmico que Yo tengo el privilegio de brindarte, para liberar tu forma física y tus asuntos de las limitaciones de la octava física.

A medida que Me sientas entrar más profundamente en ti, verás los Poderes de Mi Vida ponerse a tu disposición en la vida exterior; ¡serás revestido de nuestros Poderes Cósmicos para que puedas resistir todo lo que en el mundo exterior busca destruirte! —El yo exterior, estando limitado por los sentidos físicos, no ve inmediatamente al Ser que le da Su Ayuda. El yo exterior está encerrado en una cáscara que cubre el cuerpo emocional, y que le impide sentir el pleno Poder de nuestro Amor—, excepto en ciertas circunstancias excepcionales o en una crisis, cuando los sentimientos están exaltados y la atención se vuelve hacia nosotros con una fuerza concentrada. Pero la Puerta de comunicación con nuestra Octava ha sido abierta, mi Bien-Amado, porque te hemos ofrecido Nuestra Consciencia de Maestros Ascendidos, que está contenida en el Fuego Cósmico que dirigimos.

Si grabas tu voz en un disco, después puedes hacer que suene en tu propio aparato sin que parezca extraordinario oír tu propia voz. Estás acostumbrado a esta idea. Y bien, ¿por qué piensas que Yo estoy muy lejos o separado de ti, sólo porque no me has visto jamás con tus ojos físicos?

¿Has visto alguna vez tu propia voz? No, y sin embargo, crees que es tu propia voz la que te habla por el disco. ¿No deseas concederme el mismo crédito?

Si contradices al que te habla, sabes que de ello resulta usualmente un conflicto. Y bien, ¡tus sentimientos se han negado varias veces a aceptar Mi Presencia cuando Yo me encontraba cerca de ti!

Parte con tu deseo

Si ahora deseas ordenar tus sentimientos, házles comprender que eres su dueño, y que vas a sentir el Don del Fuego Sagrado que cada Ser Divino te dirige, entonces todo lo que es humano, se apartará hasta que podamos consumirlo.

Tú eres quien debe dictar a tu yo externo lo que tiene que experimentar de nuestra Octava, ¡porque cuando nos llamas, nosotros ya hemos respondido! Durante muchos siglos se les ha dicho a los hombres: "Antes de que ustedes llamen, Yo he respondido".

Nuestra respuesta a tu Llamada, es instantánea. Por consecuencia, depende de ti, de tu determinación y del control total que tengas sobre tus sentimientos, para obligarte a sentir lo que nosotros damos.

En tu lugar, Yo diría a mis sentimientos: "¡Les ordeno que sientan la realidad de los Maestros Ascendidos! ¡Les ordeno que acepten y sientan Su Poder de producir la Perfección a mi Llamada!".

Es preciso que sometas la energía de tu cuerpo emocional, Mi Bien-Amado. No tienes idea de lo rebelde que es. No puedes concebir hoy qué rebelde ha sido la acción vibratoria de la energía de tus sentimientos; quiero decir rebelión contra la Perfección que surge continuamente de tu propia Preciada Presencia YO SOY.

Tu propia Vida razona siempre y esta Vida es Perfección; pero la rebelión en el ámbito de los sentimientos se niega de forma constante a aceptar dicha Perfección.

¿Deseas que hagamos un pacto? Convengamos que cada vez que digas: "YO SOY la Ley de la Ardiente Perfección del Gran Director Divino", reconozcas la Acción de dicha Ley en tu propia energía física; y, ¡Yo pondré esta Llama en Acción en ti!

"Te llevo en Mi Corazón"

¿Recuerdas que te dije una vez en un discurso: "Te he llevado en la Llama de Mi Corazón, incluso sin tu autorización"? ¿Y por qué crees que hice eso? Porque el Fuego Cósmico de Mi Amor es la Ley del Infinito, la Ley de la Eternidad; la Ley del Presente, del pasado y del futuro.

No debo pedir permiso a nadie en el Universo, para difundir el Amor de Mi Fuego Cósmico para liberar la Vida de todo lo que no tiene derecho a existir.

Si Yo he extendido la Llama de Mi Corazón hasta ti para consumir la creación humana, es porque Mi Amor honra a la Gran Presencia Divina, el Poderoso YO SOY, mientras que la discordia creada por la Humanidad, ha deshonrado todo lo que existe en el Universo.

¡Yo no tengo necesidad de pedir autorización para actuar! Por lo tanto, mi Bien-Amado, puesto que te he ofrecido el Fuego de Mi Amor para consumir la creación humana y me he propuesto la tarea de liberarte, tu Victoria es segura.

Como un estímulo para ti, es necesario que sepas que desde que se ha dado el Fiat para la Liberación de estas Corrientes de Vida que han aceptado la Realidad de la Poderosa Presencia YO SOY y que se mantienen en la Luz —realizando Llamadas para su Liberación y la de todos los seres—, ¡este Fiat entra en acción! Cuando te mantienes firmemente y el suficiente tiempo en esto, mi Bien-Amado, la Ley Cósmica, que Yo represento para la Tierra, ¡entra en acción! "YO SOY el Fuego Cósmico que es Uno con su Bien Amada Poderosa Presencia YO SOY".

"YO SOY el Fuego Cósmico del Sol físico y del Gran Sol Central", ¡y este Fuego es la Única Autoridad en toda la Creación!

De esta manera, cuando desde las Alturas del Poder Cósmico, con la plena Autoridad del Fuego Sagrado, Yo te envío los Dones que sólo el Amor puede brindar, entonces, YO SOY la Consciencia de este Fuego Cósmico juzgando a Cada Corriente de Vida que pertenece a Mi Jurisdicción.

Quizá en este momento te preguntarás ¿por qué también el Poderoso Cosmos y el Maestro Jesús pueden llamarse las Autoridades que gobiernan su Corriente de Vida? ¿Cómo pueden existir tantas autoridades sobre tus Corrientes de Vida?

No obstante, el problema no es difícil de resolver, una vez que comprendes lo que es la Unidad del Fuego Cósmico que cada Maestro Ascendido y Ser Cósmico, representa para el mundo.

La eterna Libertad de la Vida, sólo se encuentra en el Fuego Cósmico, ya sea en la Llama Espontánea de tu corazón; en tu Cuerpo Mental Superior o tu Presencia Electrónica; en el Sol físico o el Gran Sol Central, o los Maestros Ascendidos y los Seres Cósmicos, ¿qué importa? No existe sino una Sola Cosa en todo el Universo que sea inmortalmente libre y ésta es el Fuego Cósmico de tu Bien Amada Presencia YO SOY.

Como nosotros somos Seres Libres, en Acción Cósmica para el Servicio de este Gran Fuego Creador del Cristo Victorioso, dondequiera que exista una Chispa de este Fuego encerrada en la Sustancia, nosotros somos la Autoridad sobre Ésta. Poseemos el derecho de obligar la Purificación de toda Sustancia en la que el Fuego funcione; ¡y tenemos el Derecho de elevarla a la más Grande Perfección de Su propio Destino!

El llamado al Director Divino

De esta forma, si quieres volver tu atención hacia Mí, haz la Llamada, y posteriormente siéntete todo el tiempo en la Llama de Mi Corazón, Mi Ley del Universo; la Ley de la Vida es tal que, desde el instante que Mi Fuego Cósmico se vuelca en ti, te obliga a liberarte de todas las limitaciones humanas. Quiero decirte lo siguiente: si deseas probar lo que te brindo, las Palabras que oyes hoy llegarán a ser un muy vivo recuerdo de lo que es tuyo eternamente.

Toma en cuenta, mi Bien-Amado, que cuando fijes tu atención en Mí, un Relámpago de la Llama de Mi Amor te envolverá de inmediato; si tu Energía de Vida viene a Mí en un Acto de Amor, de Gratitud y de Adoración, su corriente recogerá el Fuego Cósmico de Nuestra Octava, que es la Maestría en Nuestro Mundo —y por lo tanto, también en el tuyo.

¡Trata de sentir el Fuego de la Maestría, Mi Bien-Amado!

En la Gruta de Luz, en la India, durante siglos ¡he liberado una y otra vez Corriente de Vida! He asistido al esplendor y al ocaso de todas las Naciones. He ayudado a construir civilización tras civilización y la humanidad las ha derrumbado una seguida de otra.

Brindo nuevamente, lo que puede todavía liberar la Vida de todas las infortunadas creaciones humanas. Sólo el Amor puede liberarte. Entiende bien esto: únicamente el Fuego Cósmico de esta Grande, Victoriosa Presencia del Cristo Cósmico, que es tu Bien-Amada Presencia YO SOY. Sólo este Fuego Cósmico puede liberarte para siempre. Bien sea por la Llama Violeta Consumidora, o por la Llama Espontánea, o la Séptuple Llama de los Siete Poderosos Elohims; ya sea la Llama de Amor de Mi Corazón o del Corazón del Gran Sol Central: ¡poco importa! ¡Únicamente el Amor del Fuego Cósmico del Cristo Victorioso puede liberarte para siempre o alcanzar tu Victoria en este mundo!

¿Por qué crees que hemos llamado su atención con tanta frecuencia sobre la explicación renovada del Fuego Cósmico? Porque esto es lo que requiere el mundo físico para Liberarte. Las fuerzas destructivas no pueden servirse de Aquel: no poseen su poder. Por lo tanto, quienes se proponen alcanzar la Sabiduría deben recordar esto: hacer Llamadas para manifestarlo, para su uso, mantenerse en Él; vivir bajo Su Protección y Su Sustancia, brindadas libremente e ir hacia adelante para cumplir el Plan Divino.

El Fuego Cósmico de Mi Amor gobierna a todos los Seres de los Elementos. Por lo tanto, si acostumbras a tu Yo exterior a vivir en la Llama de Mi Corazón, y a reconocer Mi Amor como la Eterna Realidad de toda Autoridad en el mundo, la Autoridad del Amor Cósmico sobre toda vida, por tal razón, si vives en la Llama de Mi Corazón, en Ella adquirirás el Dominio sobre todas las condiciones que antes te detenían.

Sé que no es sumamente estimulante reconocer qué tan esclavizado puede estar uno pero mi Bien-Amado, diariamente hemos ofrecido tu Libertad, así como aniquilado ciertas creaciones humanas, algunas de las cuales te espantarían, si pudieras observarlas. No obstante, con un Relámpago del Fuego Sagrado pudimos tomar estas creaciones y destruirlas. ¡Así es el Dominio de la Vida! ¡Así es el Poder del Cristo Cósmico! ¡Así es la Autoridad Victoriosa de tu Bien Amada Presencia YO SOY!

Con frecuencia, hago exámenes a todos los estudiantes. Desde que Mi atención se fija en una Corriente de Vida y devela la menor aspiración hacia la Luz, un deseo de realizar acciones constructivas. Tengo el privilegio de reforzar este deseo a través de una Radiación del Fuego Cósmico de nuestra Octava. Lo anterior trae como consecuencia, una expansión de la Luz que produce la Perfección y que eleva esta Corriente de Vida hacia la Beatitud y la Libertad de la Ascensión.

El Fuego Cósmico

Así como el Fuego Cósmico de tu Bien-Amada Presencia YO SOY, es la Autoridad sobre tu propia Corriente de Vida en el mundo externo, así es el Fuego Cósmico del Sol, dirigido por los Grandes Seres Divinos que gobiernan este Sistema de Mundos y que son la Autoridad Cósmica sobre todas las Naciones de la Tierra.

El Fuego Cósmico del Cristo Victorioso, es el Poder Espiritual que es la máxima Autoridad sobre cualquier actividad humana en esta Tierra. Por ello, ¡únete a Esto! Entra en la Llama de Nuestros Corazones; siente su Unidad esencial con el Fuego Cósmico que gobierna este Planeta! Y así, tú llegarás a ser la Ley de la Inmortal Libertad de la Poderosa Presencia YO SOY de todo el Cosmos. Entonces el Fuego Sagrado del Cristo Victorioso llegará a ser una Realidad manifestada en tu Octava física para tu mandato consciente. ¡Así es tu Divino Derecho de Nacimiento! ¡Así es tu Herencia! ¡Así es el Poder que nosotros te ofrecemos para que lo uses! ¡Así es la Autoridad de toda la Creación!

Cuando Nosotros ordenamos a nuestro Fuego Cósmico que se manifieste, todo lo que existe está obligado a entrar en él, y, el Fuego Cósmico del Cristo Victorioso siendo el Elemento Dominante en todo el Universo, es la Pureza Eterna donde habita la Perfección. Por lo tanto, todo el que entra en este Fuego Cósmico, tiene que llegar a ser Eternamente Puro.

La Libertad del Fuego Cósmico

Cuando tú das al Fuego Cósmico de tu Amor suficiente libertad para actuar en la energía de tu mundo emocional, todas las condiciones del mundo exterior con las que debes entrar en contacto, manifestarán la Perfección para bendecirte.

De esta forma, si aceptas la Realidad de Mi Presencia y la Eterna Realidad de Mi Don; si obligas a tu yo exterior a que los sienta; si lo obligas a que haga uso de ellos para producir la Perfección en acción física en el mundo exterior, entonces tendrás cada vez más a tu disposición todo lo que hay en nuestra Octava, hasta que lo traigas aquí para una utilización permanente.

Todos estos Grandes Poderes que deseas, Mi Bien-Amado, vienen del Fuego Sagrado. ¡Ellos habitan en la llama del Amor de tu Corazón! Habitan en la Llama Violeta Consumidora! ¡Moran en la Llama Espontánea! ¡Moran en la séptuple Llama de los Siete Poderosos Elohims! ¡Habitan en la Llama del Corazón de cada Maestro Ascendido y Ser Cósmico! ¡Nosotros hemos producido las mayores Manifestaciones porque dimos libre curso a este Fuego a través de nuestro yo exterior! Por tal razón, si dejas a la Llama

Espontánea de tu Corazón una mayor libertad a través de los sentimientos de tu yo exterior, obligarás a la Perfección a que se manifieste aquí. Te será más fácil entonces, venir a nosotros y mantenerte en la Llama de nuestros Corazones, y recibir en Ella la mayor Libertad que nosotros hemos realizado en el Universo.

Entonces, dispondrás del Poder Cósmico requerido para superar las condiciones destructivas de esta Octava física.

Cuando hayas alcanzado este nivel y sientas desaparecer el miedo, la duda y la incertidumbre, tus sentimientos saltarán de gozo como nunca antes.

Cuando empieces a sentir tu completo control sobre las condiciones destructivas, por el sentimiento de nuestro Fuego Sagrado, conocerás el Lugar del Poder donde habita Dios.

Al inicio de esta Actividad YO SOY, prometí consumir un tercio de creación humana de cada estudiante. Cuando hemos visto sus esfuerzos conscientes para llamar a la Llama Violeta Consumidora, su sinceridad y aplicación, han obtenido que la Gran Ley Cósmica nos permita verter nuestro Fuego Cósmico y a consumir dos tercios de su acumulación. Seguidamente, como tú los aplicas concienzudamente para aniquilar el tercio que resta, hemos visto tu constancia y hemos consumido, en muchos casos, el último tercio.

Ahora, ¿no crees que puedes acordarte de llamar a nuestros Poderes del Fuego Sagrado del Cristo Cósmico, para protegerte contra toda creación humana en el porvenir? Esto nos permitirá utilizar Poderes que te otorgarán una Libertad ilimitada, mientras aún sigas en el mundo físico.

Entonces, tu Fuego Sagrado, dirigido por mandato consciente en la Octava física, bendecirá a cada ser con el que entrarás en contacto y contribuirá a consumir su propia creación humana, como nosotros te hemos ayudado a consumir la tuya. ¡Este es tu Privilegio en la Vida! Esta es tu Obligación hacia el Universo. Ésta es tu responsabilidad en el uso de tu conocimiento de la Poderosa Presencia YO SOY, que en primer lugar se te ha ofrecido porque la Vida espera esto de ti, en respuesta a lo que ésta te ha dado.

Cuando tu Bien Amada Poderosa Presencia YO SOY y los Maestros Ascendidos se esfuerzan por ayudar al yo exterior a liberarse de su acumulación, es porque Ellos esperan que tú proyectes este Fuego Cósmico, para contribuir a liberar tu país y, a través de América, la Tierra entera. De esta forma, el Fuego Cósmico, proviene en el Don de Sí mismo siempre expandiéndose, con el objeto de que la perfección se manifieste en cualquier parte y que la Vida pueda expresar Su Libertad eternamente.

No es ésta una cuestión de elegir algo sino de la aplicación de una Ley Cósmica. Dado que la Ley te ha concedido Sus Poderes, pide que hagas uso del Fuego Cósmico para liberar a todos los seres con los que entres en contacto.

De esta manera, el Fuego Cósmico, en Su Gran Amor Sagrado, podrá llamarte a nuestra Octava de Vida que es su Patria Eterna. Así, tu mundo llegará a ser nuestra Octava de Perfección por la Acción del Fuego Cósmico que has traído aquí, en el Amor del que plantarás Llama tras Llama en el mundo físico, hasta que Su Realidad sea percibida por los sentidos físicos de todos los seres. Esto llegará. Posteriormente continuarás tu aplicación y pedirás que Nuestro Fuego Cósmico, del Cristo Cósmico, Victorioso se convierta en la Ley de tu país, la Ley del mundo, hasta que restituyas el mundo y todo lo que en él existe, al Corazón del Fuego Cósmico del Cristo Victorioso, para que una vez más, el planeta pueda cantar Su Himno de alabanza en el Corazón del Sistema de mundos al que pertenece.

Al igual que vienes a Mí y habitas en la Llama de Mi Corazón, con el propósito de sentir Mi Amor y Mis Victoriosos Poderes de Vida que controlan todo objeto en el mundo físico, la fuerza de tu país resucitará y volverá al Fuego Cósmico que lleva consigo la Pureza. Ésta será mantenida eternamente, cuando la humanidad haya decidido apartarse de aquello que la tortura.

Los Tesoros del infinito están inmersos en el Amor de nuestros Corazones. Nuestro Mandato consciente para brindarte la Libertad comprende el ofrecimiento, de parte de la Ley Cósmica, de fortificar tu país. Así que siente diariamente tu responsabilidad con respecto a tu nación y a la humanidad entera.

Ven a situarte cada día en las distintas Actividades del Fuego Sagrado y, mientras que te mantengas en Ellas, pide que penetren en la Estructura de la Tierra y que ahí echen raíces para la eternidad.

De esta forma, nuevamente y una vez más este Elemento Sagrado echará raíces en la Estructura de la Tierra, hasta que Su Presencia lo haya purificado todo, y la humanidad marche hacia adelante en la Libertad del cumplimiento del Plan Divino, que nunca más dejará que exista discordia en esta Tierra.

Todo lo que ha contribuido para producir las condiciones que hoy existen debe ser purificado y consumido; y la energía requerida para el cumplimiento del Plan Divino no puede ser controlada, purificada y utilizada sino por el Poder del Fuego del Cristo Cósmico de nuestro Amor. La humanidad no posee aún suficiente Amor para llevar este Fuego a la manifestación con el Poder necesario para su protección, pero nosotros que hemos amado mucho más que tú, somos capaces de traer este Fuego Cósmico hacia ti y a tu alrededor, hasta que Su Llama sea lo suficientemente poderosa como para entrar en contacto, en la Octava física.

Entonces este Fuego se extenderá cada vez más, hasta que la Purificación de la Tierra sea total.

¡A Su Corazón Cósmico te confío! Estaré esperando y observaré con atención tu determinación para mantenerte diario un instante, en la Llama de Mi Corazón, al tiempo que en ti y a tu alrededor, pase todo lo que en la Gruta de Luz en la India, conducía a los seres a la Liberación.

¡Yo he liberado a miles!

¡No he perdido ni un ápice de Mi Poder!

¡Yo tengo el Poder de liberarte!

¡Ven a Mí, habita en Mi Llama y permíteme liberarte!

Ven a Mí, Hijo mío, te lo ruego y déjame que te separe de todas las condiciones discordantes del mundo exterior, con el propósito de que puedas ser revestido del Fuego Sagrado de la Victoria Cósmica.

Entonces, tu Presencia será una Bendición por cualquier sitio que recorras y la Llama que te anteceda cubrirá a todos con los que entres en contacto. Cada uno de ellos te amará y estará agradecido por tu Vida en el Universo. Puedes entonces ir hacia adelante y mandar lo que desees, y el Fuego del Cristo Cósmico podrá manifestarlo. Vivirás libre de nuevo, como estabas al principio.

Vuelve a la Casa del Padre, en la utilización de los Poderes Cósmicos que fueron tuyos y que deben volver para tu provecho en el mundo exterior. Sólo con suficiente Amor puede manifestarse en el mundo, y el Fuego Cósmico es su Mandato Victorioso sobre todo en esta Tierra, que puede convertirte en dueño de todas las condiciones aquí abajo, a la espera de que elijas venir a nosotros en nuestra Octava al Mandato de tu Presencia YO SOY, para la Eternidad.

Que el Fuego de Mi Amor habite en ti, y toda su Perfección te revista de Gloriosa Victoria. ¡Que Él te haga sentir el Poder de la Libertad Eterna! ¡Que Su Inmortal Presencia purificadora habite por donde quiera que vayas!

¡Que Él logre la purificación de todo objeto por nuestro Amor Ardiente y el Mandato del Cristo Cósmico de nuestra Octava!

Cuando te mantienes en la Llama de nuestros Corazones, tu Amor y nuestro Amor son el Mandamiento de la Eternidad que venera a Dios —la Poderosa Presencia del YO SOY— eternamente, con la Felicidad, la Perfección y la expansión del Fuego Cósmico, para la Creación de Sistemas de Mundos que glorifican siempre la Vida infinita del Gran Sol Central.

¡Que los que se ponen bajo Mi Dirección, habiten siempre en ti y proyecten sobre ti, todo lo que puedas asimilar de este Fuego Cósmico, hasta que llegues a ser la Plenitud de Su Autoridad Victoriosa sobre todo en esta Tierra! Espero que Me visites cada día para que Asciendas a nuestra Octava.

Que este Amor del Fuego Sagrado del que tanto requiere el planeta, se difunda a través de ti, y se convierta en la Fuerza del Fuego Cósmico de Nuestra Autoridad, para liberar de inmediato a los seres humanos de la oscuridad.

Que el Fuego de nuestra Octava, en Su Autoridad Cósmica, proclame ahora el Poder del Cristo Cósmico, hasta que Su Presencia Consumidora se expanda en toda la superficie de la Tierra, y que los seres humanos se despierten a lo que el Amor brinda y que es el único que puede poner fin a la aflicción general.

Que el Manto de Su Poder, la Armadura de Su Protección, y el Fuego de Su Amor, te lleve rápidamente, mi Bien-Amado, a la Victoria Suprema; y que nuestro Bien Amado Saint Germain, como Autoridad en este País, dé el Fuego de Su Libertad y que Su Pureza reine en toda la Nación.

Seguidamente, conduciremos Su expansión, hasta que el planeta entero sea llevado a su Divino Sendero de Luz. ¡Y que la Gloria de Su Perfección siempre creciente, lleve el Fuego de la Creación al uso exterior para producir la Perfección en todas partes y la Libertad para todos!

Es exaltante, más de lo que se pueda imaginar, tener acceso a la utilización de este Fuego y observar cómo una Corriente de Vida tras otra obtiene Su Felicidad Eterna.

¡Grande es nuestro Privilegio y Nuestra Responsabilidad! Grande es la oportunidad que se te brinda y Grande será también el Victorioso Cumplimiento de los que han elegido aceptar Mi Amor!

Que éste sea tan grande para ti como para conducir a todos a la Liberación Eterna.

Te agradezco, te amo y te bendigo.

LECCIÓN 3

PRIMER DISCURSO DEL BIEN-AMADO VICTORY

La Victoria de la Luz

¡Mis Bien Amadas Legiones de la Victoria! Ustedes que desean la Victoria. Ustedes que han sido Victoriosos muchas veces. Vengo a ustedes para envolverlos, más intensamente, con mi Llama de Victoria Cósmica; más intensamente, con la Llama de Amor de Venus; más intensamente con Mi Llama Cósmica del Perdón y yo llamo conscientemente a toda la Fuerza Cósmica que puedas soportar ¡para llenarte de la Plenitud de mi Victoria Cósmica y para difundirla por ti!

Cuando invocas al Poder Cósmico de la Victoria Cósmica —la Fuerza Cósmica de la Victoria Cósmica—, hay que permanecer consciente de lo que quieres, para tu

Nación y para América, para todo lo que es Luz, hay que pensar en la Victoria de la Luz para toda la Vida en el entorno del Universo. Con esta Orden, tu propia esfera de acción se carga de esta misma Victoria y, antes de que se difunda, un 60% queda a tu alrededor. Por lo tanto, al persistir en la Llamada para Mi Victoria Cósmica de la Luz Cósmica del Amor de Venus, logras ser obligatoriamente lo que pides para la Vida, en general.

Permíteme, mi Bien-Amado, que te muestre cómo funciona la energía de la humanidad y cómo es que el mundo externo ha osado apropiarse la autoridad sobre las corrientes de Vida de los otros, para arrojarlos a las guerras y a la desesperación. Son los malos sentimientos que alteran el plexo solar de algunas personas.

La Victoria de la Luz, hacia la que Yo dirijo tu atención, mi Bien-Amado, es la Fuerza Cósmica en la atmósfera del planeta, que procede ya sea del Sol físico, ya sea del Gran Sol Central y de la Octava de los Maestros Ascendidos y de Seres Cósmicos de Luz, esta Fuerza Cósmica, es infinitamente mayor que la energía de todos los cuerpos de toda la humanidad. Yo dirijo tu atención hacia el manantial de la Victoria, hacia la Autoridad Victoriosa, hacia la Fuerza y el Poder de la Luz Cósmica que no conocen sino la Victoria. Te cargo con Mi Poder de la Tierra. No tendrá otro efecto sobre ti sino la Victoria de la Luz, por lo tanto, no le impongas otra cualificación.

Si alguna inquietud se manifiesta en ti o alrededor de ti, sería tu propia creación humana, y no la Luz que Yo emito en ti. Es necesario que esta descarga de Energía se produzca aquí. ¡Ella debe limpiar el país con toda su Fuerza Cósmica, con el objeto de obligar a las fuerzas y a los planes destructivos a que cesen su acción sobre los seres humanos y sus recursos!

La Fuerza de los Poderes Cósmicos que YO SOY —con la que cargo la atmósfera física—, debe echar raíces alrededor de cada persona, una Acción más dinámica del Poder de la Luz, de la que tienes necesidad para mantener tu Protección y para asegurar tu Victoria. Si deseas la Victoria: ¡tienes que estar decidido a obtenerla!

Yo ofrezco liberarte de tus limitaciones humanas, pero si una vez hecho esto, corres al mundo exterior y te conectas con la discordia y las sugestiones de su entorno, ¡no podrás esperar que Yo comience de nuevo la misma operación la próxima semana! La Ley Cósmica no lo permite. Si una vez que Yo haya retirado tus limitaciones, persistes en aceptar tu Victoria y Mi Victoria y la Victoria de la Luz Cósmica en su Acción Cósmica en todo lugar de la Nación y el mundo, será posible entonces, que otros Grandes Seres se unan a Mí y te ayuden brindándote Su Victoria. Asimismo, cada persona puede llegar a ser, en este país y en América, un Poder de la Victoria tan grande como lo desee. Puedes ser la Puerta Abierta por la que algo de Mi Victoria pueda expandirse para disolver este egoísmo humano que ha intentado esclavizar al pueblo de esta Nación.

La importancia de la Victoria

Mi Bien-Amado: todo lo que deseas ver manifestado, debe primero ser aceptado por tus sentimientos y ser enunciado por tus Decretos YO SOY. No basta desear cosas con un sentimiento intenso. Si no fuera indispensable hacer Afirmaciones con el Gran Verbo Creador YO SOY, ¿Por qué estarían dotados del Poder de la Palabra, si no se requiriera, dada la Ley Cósmica que rige la Octava terrestre?

Y he aquí, lo referente a tu aplicación práctica, una cosa de las que algunas personas tienen necesidad de recordar.

No está mal sentarse a leer los Discursos: esto se debe hacer diario porque, cuanto más leas las palabras de los Maestros Ascendidos, más su significado y su Poder se graban en las células de tu cerebro. Así, su significado actuará en la energía y la sustancia de su mundo. ¡Pero la lectura no reemplaza la enunciación y tu Orden consciente y Decretos YO SOY! Puedes sentarte y leer todo el día y ser ascendido a los Cielos; esto elevará tu Conciencia hasta nosotros y nos permitirá llenarte de nuestro Amor y de nuestro Poder. Pero si logras reunir esto en ti y a tu alrededor, sin dirigirlo por Decretos hacia un objetivo determinado, no habrás obedecido siempre a la Ley de la Vida que pide que difundas la Perfección de la Vida en el Plano fisico.

El valor de decretar en grupo

A partir de hoy, mi Bien-Amado, invoca a la Llamada Fuerza Cósmica de Mi Amor Cósmico; a la Fuerza Cósmica de Mi Perdón Cósmico, a la Fuerza Cósmica de la Victoria Cósmica que impondrá Silencio al egoísmo en los sentimientos humanos y lo disolverá, una vez que haya aniquilado con un relámpago de Luz todas estas creaciones humanas.

Todo lo anterior no son sino torbellinos de energía en las distintas localidades, tus Afirmaciones son como toques de campana a través de la atmósfera. Tus Decretos YO SOY para la Victoria Cósmica, producen una Fuerza Cósmica que resuena a través de la atmósfera de la Tierra y hace bajar del Corazón del Gran Sol Central, el Poder de la Victoria, que constituye el Cumplimiento del Plan Divino. Cuando reconoces esta Victoria, pones en movimiento un Poder ilimitado de la Luz Cósmica.

¡Yo sé, mi muy querido, qué cómodo es quedarse tranquilamente en casa, sin molestarse en venir a decretar! Pero cuando se está confrontando con fuerzas que no buscan sino matarte, no es quedándote tranquilamente sentado en casa como se les impide que penetren en ti.

Llegará un tiempo, una vez que hayas formado una fuerza viva por la acción dinámica de tu Energía vital puesta en los Decretos, en que podrás dirigir esta Energía con la mano hacia una determinada realización. ¡Pero es preciso adquirir antes un conocimiento consciente y una expansión determinada de la Luz Cósmica en ti!

Sin embargo, antes de haber cumplido estas dos condiciones, nada existe en esta Tierra pleno de destrucción, que pueda salvarte sino el conocimiento y la aceptación de tu Poderosa Presencia YO SOY primero y, seguidamente, tus Decretos YO SOY y tus Llamadas en grupo a los Seres Cósmicos. Quienes han realizado esto durante cierto tiempo, tienen la sensación de que tienen un mayor Poder y son recompensados por la presencia de dicho Poder que los Decretos han hecho pasar por sus cuerpos y que se encuentra en la atmósfera que los rodea para su Protección y su Victoria.

¡Yo bendigo y felicito a cada persona por haber continuado utilizando en forma dinámica la Llama Violeta Consumidora! ¡Continúen! ¡Nada puede sustituir los Decretos de la Llama Violeta! ¡Nada puede sustituir tu mandato y tu empleo de la Autoridad de la Vida por la enunciación del Verbo, del gran Verbo Creador YO SOY; No hay nada que pueda reemplazar lo anterior, la producción de la futura perfección para ti y para la humanidad, depende del uso del Gran Verbo Creador YO SOY; por el ejercicio y la utilización de la Autoridad de tus propias Corrientes de Vida; del control consciente de tus sentimientos, es decir, de tu Armonía permanente. ¡Esto producirá el Cumplimiento de todos los deseos de tu Corazón!

Si pones tu Gloriosa Presencia YO SOY por encima de todo, toda la Perfección del Planeta y del Universo puede ser atraída hacia ti. Brinda tu Amor a esta Presencia, tu Gratitud y tu Aceptación. Usa Su Gran Autoridad sobre la Vida por la enunciación del Verbo YO SOY y, después, haz un decreto de lo que deseas obtener aquí en la Tierra, de tu Bien-Amada Presencia.

El magnífico Poder Cósmico que los Maestros Ascendidos y los Seres Cósmicos detentan en esta Tierra, procede de la Autoridad del YO SOY, el Gran Verbo Creador YO SOY.

Todos los que han alcanzado la libertad y el Poder de la Perfección, han debido comprender este Verbo y usar la Autoridad de sus Corrientes de Vida y su libre albedrío, antes de gozar de la Libertad, de alcanzar la Victoria de la Ascensión y de poder disponer del Poder Cósmico para el cumplimiento de los Decretos dados por sus Corrientes de Vida.

Te invito a realizar un experimento: De ahora en adelante, pide a tu Presencia que vigile para que no pronuncies ninguna palabra que no reconozca tu Victoria de la Luz y la Victoria de la Luz en América y en el mundo. La mejor forma de ayudarse entre sí es decir: "¡Yo no acepto sino tu Victoria en esto o aquello!". Piensa también en lo siguiente: YO SOY la Victoria para la Tierra. Yo he decidido habitar en la atmósfera de este planeta hasta que la Victoria de la Luz haya tomado Su Soberanía eterna en la Tierra; por tal razón, Yo no reconozco sino la Victoria, porque así es Mi Naturaleza; tal es Mi tónica para tu Libertad en este mundo. Yo Soy la Victoria de Venus lo mismo que para el mundo; me resulta imposible manifestar algo diferente a la Victoria. Yo ignoro todo aquello que no simboliza la Victoria. Es la única ocasión en que puedo usar la palabra "imposible", porque ¡me resulta imposible conocer otra cosa que no sea la Victoria, puesto que así es mi Naturaleza!

De aquí a que inicien las Siete Semanas Sagradas, crearás una fuerza-viva al no reconocer sino la Fuerza de Mi Victoria Cósmica, atraerás en tu esfera de acción lo que constituye el Servicio de Mi Corriente de Vida hacia la Tierra, Mi Poder de Venus. Al aceptar la Fuerza Cósmica que se difunde del Gran Sol Central y del Sol físico a través de los Seres Cósmicos que gobiernan este Universo, atraerás de la misma manera su Victoria. Ellos, como Yo, ¡no conocen sino la Victoria! A diferencia de unos cuantos que aquí dicen: "Yo no soy victorioso." Tienes por encima de ti a toda la Jerarquía, a Mí Mismo, a tu Poderosa Presencia YO SOY y a tu Cuerpo Mental Superior que no afirman sino la Victoria. Por lo tanto, ¡tú eres Victorioso! ¡Y el polvo humano entrará solamente en la Llama Violeta para purificarse ahí! ¡Y cuando retorne a la Luz este polvo, será también Mi Victoria!

Mi Bien-Amado no aceptes ninguna cosa más, sino la Fuerza de Mi Victoria Cósmica, de Mi Amor Cósmico, de Mi Perdón Cósmico, en todo lo que hagas y, por la Acción de la Ley Cósmica, Mi Corriente de Vida penetrará en ti y ¡Mi Llama consumirá automáticamente todo lo que no es el Amor y el Perdón de Mi Corazón!

¿Qué es lo que se opone a la Victoria de la Luz? El egoísmo que conserva la sustancia en una tasa vibratoria que no es autoluminosa, es decir, ¡Luz Divina!

Cuando llamas a la Fuerza Cósmica de Mi Victoria Cósmica en acción, en circunstancias dadas, el egoísmo humano debe ser destruido. Este sentimiento negativo es la causa de toda discordia que no es sino una sombra ante Mi Llama.

Por cualquier parte donde la Victoria de la luz no se manifieste, cuando Mi Llama es llamada a la acción, Yo consumo toda sustancia calificada por el egoísmo humano. Estoy convencido de que su Poderosa Presencia YO SOY y todos los Grandes Seres, apreciarán tus Llamadas a la Fuerza Cósmica de la Victoria Cósmica de la Llama Violeta Consumidora, forzando la Victoria de Mi Luz y de Mi Llama Cósmica de Victoria Cósmica, a tomar posesión y a reinar con absoluto Poder, en cualquier sitio.

El Decreto como fiel servicio a la Luz

El deseo de algunas personas de negarse a dar los Decretos YO SOY es una especie de egoísmo; porque quieren guardar el Poder y la Energía para sí mismos, mientras que la Ley Cósmica dice: "Difundan la Perfección en un mundo que se hunde en la oscuridad". Algunos Poderes de la Vida no son ni serán nunca otorgados a una persona que no quiera olvidar durante el tiempo suficiente al yo exterior para permitirle dar los Mandatos de la Vida y usar el Gran Verbo Creador YO SOY; cuyo Poder posee, para el Servicio de la Luz en favor de toda Vida en todo el Universo.

Nosotros oímos a menudo: "Y bien, si pudiera llegar a poner orden en mis propios asuntos, estaría en mejor posición para prestar mi Servicio a la Luz, pero no puedo hacerlo mientras esté en problemas". ¡He ahí precisamente por qué te encuentras en dificultades! Si quisieras olvidar tu egoísmo, tus problemas y tus asuntos personales durante el tiempo necesario para dar tus Decretos YO SOY, para la Libertad de millones de seres humanos, tus problemas y tu mundo serían colmados por toda la ayuda que hubieras dado, e incluso un 50% más, y esto disolvería tus conflictos porque ¡el 60% de la energía de tus Decretos actuaría en tus propios problemas!

La concreción de los Decretos y el intelecto

Mi Bien-Amado: ¡Voy a hablarte seriamente y esto quizá te permitirá salvar algunos obstáculos! A menudo, los estudiantes se cuestionan por qué sus Llamadas no han producido resultados con más celeridad, y por qué otros asuntos no están arreglados aún... He aquí lo que tengo que decirte sobre el particular y yo digo la Verdad: cuando tu intelecto comienza a analizar exageradamente por qué las Llamadas no actúan, entonces tu atención se fija tan intensamente en ti mismo, que no das ninguna oportunidad para actuar a tu Poderosa Presencia YO SOY y a los Maestros Ascendidos. El medio más sencillo para perfeccionar al yo exterior consiste en dar todo el Amor de tu Corazón a tu Poderosa Presencia YO SOY y olvidarte por completo del cuerpo físico; sin embargo, darle los cuidados necesarios de limpieza, comer los alimentos adecuados y dormir lo necesario. Fuera de esto, entra en acción y presta tu servicio a todo del Universo, porque de este modo ¡el Gozo y el

Poder de expansión de la Luz y del Amor de tu Presencia YO SOY y de los Maestros Ascendidos, tendrán oportunidad de difundirse por ti y disolver todas tus limitaciones humanas! Si mantienes tu atención en ti mismo, acumulas energía en y alrededor de tu cuerpo físico y en tus asuntos, y esto es lo que forma tus limitaciones. ¡Olvídate de ti mismo! Ordena a tu atención que se fije en tu Presencia YO SOY y permanezca en ella el tiempo necesario, para permitir a tu Presencia que pase la Plenitud de su Autoridad y su Poder de Perfección hacia ti, sin que se detenga por la tensión de tu cuerpo la onda de Energía Divina, y se desvíe para alimentar los hábitos seculares de angustia y los sentimientos de limitación humana.

Toda aflicción es egoísmo, pasado o presente.

Nosotros no le solicitamos nada a nadie. No criticamos ni censuramos a nadie y ¡no vayas por el mundo a decirle a la gente que sus angustias son su propio egoísmo! No. Yo he pedido que les digas: "¡YO SOY tu Victoria y estos problemas ya no podrán actuar más tiempo en ti!". De tal manera que no serás perturbado y no agregarás una presión al sentimiento de los demás. Se darán cuenta que no los criticas ni los censuras. Por el contrario, sentirán que los ayudas a obtener lo que sus corazones anhelan.

En un mundo lleno de errores, tendrás oportunidad de poner en práctica lo siguiente. Cuando adviertas fallas, no digas "¡qué feo!" o alguna otra palabra que, finalmente, no será sino el hecho de tener una opinión, pero debes decir: "YO SOY la Fuerza Cósmica de la Victoria de Victory, y el Poder de la Luz que carga esto en Perfección! Yo lo obligo a entrar en la Llama Violeta Consumidora. Poderoso Victory, mantén Tu Soberanía ahí para siempre".

No luches contra la imperfección —no te rebeles contra esto, no tengas resentimiento ni aversión—, simplemente da nuestro Mandato para que éste sea transmutado ¡y tu propia atmósfera quedará libre! Ten el hábito de elevar todo lo que contactas a la Perfección de la Luz, usando la Autoridad de tu propia Corriente de Vida, la Fuerza Cósmica de tu Poderosa Presencia YO SOY, para obligar a todo lo falso a devenir la Fuerza y la Perfección Cósmica, de la Victoria de la Luz, ¡ya sea en ti, en los demás o en la calle! Nunca hagas comentarios sobre lo que se considera impuro o imperfecto. Esto no es una obligación. Al contrario, siempre puedes usar el Mandato que acabo de otorgarte ¡y serás libre y darás la Libertad y la Victoria a toda Vida! ¡Pon esto en práctica y después invoca a mi Llama en acción y verás desvanecerse toda esta creación humana y el egoísmo en las personas!

Te daré ahora el modo de controlar los sentimientos negativos en los demás. Te suplico que estudies esto con atención para que puedas comprenderlo bien.

Cuando alguien se muestra poco amable contigo, a veces tienes una brusca reacción de molestia. Cuando se pronuncian palabras irritantes o discordantes; cuando se trata de provocar una discusión en términos agresivos, en vez de arrojar aceite al fuego oponiéndote, o discutiendo la argumentación, es mejor que te vuelvas hacia la Poderosa Presencia YO SOY y al Cuerpo Mental Superior del individuo y le envíes tu Amor, para decirles: "Poderosa

Presencia YO SOY rodea el cuerpo de este ser con Tus brazos, coloca Tus manos sobre su plexo solar, calma sus sentimientos de ira y disuélvelos y no permitas que se proyecte discordia alguna sobre cualquier fragmento de Vida".

El Cuerpo Mental Superior responderá e impedirá también que la energía discordante se proyecte hacia ti o que se pronuncien palabras discordantes para perturbar la atmósfera a tu alrededor. Cuando se tiene el hábito de hacer esta Llamada y esta visualización, en vez de aceptar discusiones con personas enojadas o poco amables, ayudarás a estos seres igual que a ti mismo. Debes protegerte y ayudar al Cuerpo Mental Superior a tomar el control absoluto de la persona.

Esto será de gran ayuda para ti, para los demás y para todo lo que te rodea alrededor, si deseas crear este hábito y formar una fuerza-viva durante algunos años. Del mismo modo, sería bueno que agregaras a ello la visualización de la Presencia Luminosa de un Maestro Ascendido. Varios de nosotros ya han atraído su atención hacia el hecho de que la mayor parte de la energía, armónica o no, se localiza en la región del plexo solar. En esta parte central del cuerpo es donde los alimentos se digieren y el sitio donde se acumula la energía que debe ser cuidadosamente controlada y guardada.

Cuando la fuerza maligna consigue perturbarlos o irritarlos, es siempre en la parte del estómago donde proyecta su ataque; ahí es donde la irritación y los malos sentimientos pueden desenvolverse e intensificarse.

Visualizando la Presencia Luminosa de un Maestro Ascendido, detrás de ti o de los demás, con las manos colocadas sobre el plexo, posees un medio infalible para mantener el control, no sólo de tus propios sentimientos sino de los demás.

Una vez que te hayas acostumbrado a ver esto, verás que se producen milagros y maravillas. Finalmente, es el control de la Energía en ti, en los demás y en la atmósfera que los rodea lo que constituye el Dominio de la Vida. Sin este control no hay Maestría.

Varias personas poseen ya un gran dominio sobre sí mismas, pero a la vez, deben ser tan capaces de controlar una cantidad de energía que pueda proyectarse hacia ti por un individuo que tenga una acumulación de energía alrededor de él y que llegue a estar sumamente enojado. En este caso, debes tratar de ayudar a esta persona llamando a la Presencia, al Cuerpo Mental Superior, a un Maestro Ascendido, de preferencia a los tres juntos, después poner sus Brazos de Luz alrededor de este individuo, de tal forma que impidas que su energía se proyecte para perturbar la Perfección de la Vida.

De manera personal, no tienes el derecho de manipular la energía de los otros. Debes controlar la tuya y llamar a la Presencia, al Cuerpo Mental Superior y a los Maestros Ascendidos para ayudar a los demás a controlar su energía. Así, nunca tendrás conflictos. El egoísmo humano comenzará a disolverse y el Cuerpo Mental Superior, tomará el control e incitará a los demás a colaborar contigo en todo lo que se relacione con el cumplimiento del Plan Divino.

¿Sabes porqué los humanos no han obtenido aún la Perfección para la que han dedicado plegarias con frecuencia, muy sinceramente y durante mucho tiempo? Es que han orado con la cabeza, no con el corazón, apoyando su ruego con toda la fuerza de la energía acumulada alrededor del estómago. Ahí está el campo del enemigo: basta darse cuenta de todo lo que se vierte en el estómago. Es un pozo sin fondo.

El estómago jamás está satisfecho. Importan poco la cantidad y la calidad del alimento que tenga dentro. Pasada una o dos horas, hay que volver a comenzar. Si el cuerpo permanece sin alimento durante 24 horas, todos se alarman. ¡No obstante, sería extraordinario para mucha gente, ayunar un poco! Todo este alimento en el estómago acumula a su alrededor una forma de sustancia y de energía que deben ser controladas. Llena de Luz todo lo que comas y da a tu Presencia una oportunidad de emplear esto para producir la Perfección en ti y a tu alrededor.

Desearía ver cómo pones en práctica los consejos que te hemos dado: no dirigir sino Amor a la Presencia y al Cuerpo Mental Superior de los demás. Haz como los niños que frecuentemente miran por encima de las cabezas de las personas cuando éstas tienen mucha Luz a su alrededor. El pequeño no presta atención sino a esta radiación de Luz y descuida por completo la forma física. Esto es a lo que se refería el Maestro Jesús con la siguiente frase: "¡No mires a nadie en la carne!". Es el Cuerpo Mental Superior y la Presencia de los Seres lo que hay que ver. En ellos está la Luz y la Perfección y, simultáneamente, con su atención fija en la perfección, imprimen de manera automática esta Perfección en carne propia.

El Bien Amado Jesús no dijo únicamente que no había que ver a los humanos según las apariencias y el sentimiento del cuerpo físico, sino muchos otros conceptos importantísimos que nunca han sido editados, o si acaso parcialmente repetidos.

Jesús dijo: "La Luz del cuerpo está en el Ojo y, si tu Ojo es único, todo tu cuerpo se inundará de Luz". La palabra Ojo se ha cambiado por YO SOY, porque fue este término el que Jesús utilizó realmente en aquella época. Si la atención está en la Presencia YO SOY, la única, su Luz se difunde en ti y por ti sin obstrucción y, si esto se mantiene durante mucho tiempo, tu cuerpo y la atmósfera a tu alrededor se tornarán autoluminosos.

Hoy deseo darte las explicaciones concernientes al control de la energía del plexo solar. Si eliminas todas las tasas discordantes en ti y en todos con los que tienes contacto, harás tu cuerpo cada vez más luminoso por mantener esta armonía. En el mundo exterior se nota qué clara y bella es tu tez. Tú has obtenido esto por utilizar la Llama Violeta Consumidora y por tu concentración en la Luz; por la enunciación de los Decretos Cósmicos, tu carne comienza a transmutarse en sustancia luminosa. Si continúas destruyendo el egoísmo en ti y en los demás, la Victoria de la Luz se manifestará en ti a través de una mayor belleza y juventud en la apariencia de tu cuerpo físico.

El deber fundamental de un estudiante YO SOY es el de obtener el control de la energía localizada en el plexo solar en sí mismo y ayudar a los demás a que lo logren también. Esto no se hace por discusiones, o conversaciones más o menos irritantes y molestas. No hay que molestarse a la menor provocación. Saint Germain dijo: "¡El Ser humano que no tiene control sobre sí mismo es más peligroso que un animal de la jungla!", porque el animal sólo destruirá el cuerpo físico para comerlo, pero estos individuos se destruyen a sí mismos y no dudan en dañar a los demás, destruyendo también la armonía de su propio ámbito.

Si sientes que cierta irritación vibra en tu plexo solar, tómala y envíala hacia la Llama Violeta Consumidora para que deje de atormentarte la Vida. Pide al Elohim de la Paz que te envuelva con su Manto de Llama Oro, que te rodee con sus Brazos y él te dará la Victoria. La mayoría de los Maestros Ascendidos han utilizado este medio y tú también lograrás tu Liberación, sobre todo si brindas esta misma ayuda por donde quiera que vayas. Califica toda Llamada con el Amor de tu Presencia YO SOY, con la Llama de Amor de tu Presencia y la Llama de Amor de los Maestros Ascendidos, porque no hay que exponerse a rectificar por la discordia la energía que han pedido a lo Alto. Debes declarar que la Armonía que viene de la Presencia es indestructible o está cargada de la Conciencia de los Maestros Ascendidos. Hay en ello un punto peligroso, que no ha sido comprendido por los humanos. La energía de su Presencia no debe ser empleada por las fuerzas destructivas.

Mi Bien-Amado: es preciso vivir en este mundo cuidando la Paz, procurando quedar aislado de las actividades exteriores y ayudar a todos los que buscan el sendero hacia la Luz; porque ellos son, sin ninguna duda, tan sinceros como tú en su ánimo de hacer el bien. Tal vez no sean estudiantes del YO SOY, pero si pertenecen a los miles de seres humanos que pretenden vivir de una manera constructiva, puedes ayudarlos utilizando el medio que te he indicado hoy. Si logras mantener el control absoluto de tu energía, la armonía en tus sentimientos y en la mente durante varios años, entonces nosotros podremos, sin peligro para ti, venir en nuestros cuerpos visibles y tangibles y otorgarte el uso de la Energía suplementaria que nosotros aportamos. Esto que te digo es muy importante. No escuches estas palabras hoy para olvidarlas mañana, sin llevarlas a la práctica.

No olvides dar la Llamada para la fuerza de la Victoria Cósmica y la Protección de los Diez Mil Soles.

Invoco a la Victoria Cósmica de la Fuerza del Gran Silencio, y te envuelvo en la Radiación y la Presión invariable del Sol Cósmico. ¡Siente esta presencia viva y el aliento vivo de la Llama de la Fuerza Cósmica de Paz Cósmica! Mi Victoria, mi Llama Cósmica de Amor Cósmico, de Perdón y de Victoria, se difundirá por ti y habitará contigo. Serás revestido de Ella. Ella te precederá. Para ti Ella será un Cetro de Poder, un Manto de Protección y la Soberanía Cósmica de Todo lo que tu corazón ha implorado en manifestación para que se cumpla el Plan Divino y la Libertad de todo lo que contactes.

¡Que América, por América, sea liberada de todo aquello que no es la Luz! Que se eleve en su Libertad Cósmica.

La Fuerza Cósmica de mi Llama Cósmica, se difundirá en estas naciones y desvanecerá todo lo que ha sumido a estos pueblos en la aflicción. ¡Que mi Llama Cósmica de Victoria Cósmica, imponga Silencio a todo lo que es guerra y, que todos los que se encuentran al frente de la Defensa Nacional, reciban una Radiación especial de la Luz y despierten para servirla.

Mi Bien-Amado: ¡Te doy las gracias! Esparce a tu alrededor todo lo que has recibido de tu Presencia y de los Maestros Ascendidos.

Que todo egoísmo y toda discordia se destruyan en todas las Corrientes de Vida. ¡Que mi Victoria te anteceda y siempre te acompañe!

LECCIÓN 4

SEGUNDO DISCURSO DEL BIEN-AMADO VICTORY

El control de la energía del plexo solar

¡Te saludo en Nombre de la Vida y en el Nombre del Poder de la Victoria sobre las restricciones financieras, cuyo sentimiento cargo en ti hoy!

Hasta el momento, no nos has visto todavía en el cuerpo visible y tangible. No obstante, tienes un sentimiento siempre creciente de Nuestra Presencia y de Nuestra Realidad y esta certeza y aceptación que tienes de Nosotros, nos permite hacer por ti lo que nunca se ha hecho en la Tierra.

Si deseas sentir con profundidad lo que queremos hacer para ti, eso te liberará para siempre del temor a las restricciones financieras. Tengo la ilimitada facultad de atribuir el Poder de la Victoria en tus sentimientos, y voy a concentrarla y a especializarla de ahora en adelante, para tu Libertad financiera. No permitiré a las fuerzas siniestras que te sumerjan en las privaciones. ¡Personalmente voy a tomar este asunto en mi Mano y se verá quién tiene el Poder!

Puede parecer extraño que nosotros tengamos interés en los asuntos del pueblo de la Tierra. Mas ¿por qué salí de Venus para habitar aquí? Si no estuviera interesado en tu bienestar, Yo no estaría aquí. Ahora, YO SOY. Yo estoy aquí y, ante tu sincero ánimo para liberarte, te otorgo mi Ayuda.

Mientras que estés en reposo, en calma y agradablemente distendido, acepta con los ojos cerrados, en silencio, el sentimiento del Poder de la Victoria, la Calidad de la Sustancia-Luz del Maestro Ascendido, que atribuyo a tu cuerpo emocional y que en éste, será continuamente activo, y te dará la convicción de la Soberanía de la Presencia y del Poder de la Vida, contestando a tus Llamadas.

¡Que se cumpla todo lo que deseo hacer por ti con la Plenitud y la Rapidez del Poder infinito!

Los decretos son las afirmaciones de la Vida

Es maravilloso ver la Luz difundida por los Grupos de los estudiantes YO SOY, que están repartidos por todo el mundo. Dichos estudiantes no son numerosos, pero en general, su sinceridad y su lealtad son muy grandes. Nosotros valoramos el Servicio que prestan y esto nos permite dar una ayuda que de otro modo no podría brindarse.

Deseo insistir en algunos puntos que ya te he explicado muchas veces y espero dejar en tu intelecto y tus sentimientos, una convicción que te dejará una Paz y una Certidumbre que todavía no has experimentado.

Mi querido estudiante, antes que nada hay que saber que, por tus Decretos y tus Llamadas, ¡debes afirmar la Soberanía de la Vida! Cuando invocas a la Poderosa Presencia YO SOY en Acción, ¿qué sucede? Instantáneamente, un Rayo de Luz, cargado de Sustancia, de inteligencia y de Energía, es decir, la Potencia necesaria para la realización de tu Llamada, se activa para liberarte de las condiciones de creación humana.

Si has entendido bien esto; si lo visualizas claramente; si lo sientes profundamente; si de ello tienes la firme convicción, ¡entonces, tu Llamada a la Presencia, necesariamente debe manifestar la Soberanía de la Presencia de la Vida!

Cada Llamada, se debe hacer con la conciencia de que pones en Acción la Ley de la Vida; que libras su Poderosa Energía para producir lo que quieres. ¡Esta es la Verdad! No obstante, la acumulación de creación humana, ha formado un campo de fuerza, alrededor de los Puntos de Luz, en la estructura física, una condensación de sentimiento que neutraliza la aceptación que da el intelecto y que impide recibir una respuesta instantánea a tus Llamadas.

Hablo en especial de tu cuerpo físico. El Poder de la Luz actúa con mayor rapidez en el cuerpo mental y el cuerpo emocional que en la estructura atómica, porque ésta está más especialmente cargada de una discordia condensada que es un campo de fuerza de densidad.

Siento que muchos estudiantes, no hayan tenido la intensidad de sentimiento, requerida en el uso de la Llama Violeta Consumidora, para liberarse a sí mismos.

Cierto es que ya has cumplido mucho. Pero debes utilizar la Llama Violeta Consumidora con mucho más intensidad en tu sentimiento. No es necesario sentir molestia, ni temor, sino una tranquila, profunda intensidad en la decisión de emplear la Llama Violeta Consumidora. Si deseas llamar al Poder de la Llama Violeta Consumidora de esta forma, advertirás un cambio inmediato, porque el Poder de la Acción, además de Mi Cualidad de la Victoria, van a cargarse ahora en tu sentimiento.

Tu acción debe ser más poderosa, no en la apariencia externa, sino por un sentimiento del gran sereno Poder Interior. Debe ser como si entras en el Pleno Poder del Gran Silencio. El Poder purificador de la Acción actuará en ti como un gran Soplo, barriendo tus diferentes cuerpos y tu entorno, purificándolos casi instantáneamente.

Tu atención ya ha sido atraída hacia la necesidad de abandonar todo tipo de sentimiento, toda conciencia de crecimiento o de progreso en la Actividad de la Luz en ti. En las enseñanzas del pasado existía la idea de que siempre había que adquirir algo; de que era necesario crecer o desarrollarse. La Verdad es diferente. La Verdad es que su Estatura de Luz se encuentra ahí, intacta, y que hay que desnudar los Puntos de Luz a través de disolver por la

Llama Violeta Consumidora la densidad de la carne. A continuación, ¡serás libre!

Nota que la Poderosa Comprensión que Saint Germain te ha traído, altera por completo las antiguas condiciones de Instrucción y es por lo que a muchas personas les cuesta trabajo aceptar en su sentimiento esta Poderosa Verdad. ¡Contradice ésta tantas cosas que se enseñaron en otros sitios! Pero esto no quiere decir que Saint Germain esté en el error! Al contrario. ¡Él, que es la Verdad, rechaza lo que otros han enseñado de buena fe, más que por ignorancia!

Recuerda que nunca habías recibido la Instrucción de un Maestro Ascendido, totalmente libre. No poseías sino algunas afirmaciones del Bien Amado Jesús, que te habían sido transmitidas; pero, incluso si estas afirmaciones fueron hechas con Amor, no podías comprender su plena significación, ni la profunda convicción de su Verdad, ni la intensidad de sentimiento de su Poder de Acción, para producir las manifestaciones que eran susceptibles de hacerse.

Gracias a la simpleza y a la Majestad del Poder de la presente Instrucción, modificas las condiciones del pasado. Todos los que lo han intentado, han tenido la prueba de la Realidad de estas Verdades.

Te pido por favor, que vigiles tu sentimiento y observes, si sientes realmente lo que dices ¡si tu sentimiento sigue a tu atención, o no! Antes de comenzar tus Llamadas pregúntate: "¿Pienso y siento verdaderamente lo que digo? ¿Pongo atención en ello? Observarás que en el 99%

de los casos, esta sencilla pregunta obligará a tu sentimiento a seguir tu atención. ¡Te digo esto para que no olvides qué importante es el Poder de tu atención!

El Decreto desde Nuestra Divina Presencia

Mira primero la Carta o Gráfica y fija tu atención en la Todopoderosa Presencia YO SOY, que es Vida; después cierra los ojos y ¡evoca la imagen mental de su Todopoderosa Realidad! Posteriormente, cuando sientas surgir tu sentimiento, penetrará éste en tu Llamada y la Trinidad de Acción del Poder de la Vida, entrará en Acción para atraer hacia ti todo aquello de lo que requieras. Recuerda que la Trinidad de Acción es el sentimiento en tu cuerpo físico de la Presencia de Amor, de Sabiduría y de Poder; es la Visión, la atención y el sentimiento o poder de cualificación. La Armonía de la Vida, la combinación de estos tres Poderes de la Poderosa Presencia YO SOY Dios-en-Acción-, se hará manifiesta siempre a tu Llamada consciente.

Cuando practiques la Llamada que viene de tu forma física, hacia estas poderosas Actividades, recuerda siempre que tu responsabilidad se limita a la Llamada. ¡La Respuesta o la Acción no te corresponde! Estás obligado a mantener la Armonía antes, durante y después de la Llamada, pero la responsabilidad de la manifestación, habita en el Poder de la Vida que invocas para prestar el Servicio.

Sólo tu cuerpo Mental Superior es tu Inteligencia Directora y el Poder que controla los poderosos Rayos de Luz y las Corrientes de Energía, el que recibe tu Llamada. El Cuerpo Mental Superior puede utilizar sin límites la Inteligencia, el Poder y la Luz del Universo y accionarlos donde te encuentres en el Universo, para producir los resultados matemáticamente exactos, que te darán la Libertad y el Poder de la Abundancia divina.

Por lo tanto, te digo que en la medida en que tu aplicación sea más firme y más feliz, serás testigo de manifestaciones cada vez más importantes de lo que pides; pero sobre todo, mi Bien-Amado, no tomes las apariencias demasiado en serio. Si aceptas las circunstancias externas como si fueran reales, te sentirás impotente. Sería necesario que desviaras la aceptación de la Presencia real. Entonces, detendrías todo. Cálmate y pide a la Poderosa Presencia YO SOY que te libere de este sentimiento. Posteriormente, cuando te sientas afirmado en la calma y la serenidad, reinicia tu aplicación.

He decidido que ni un solo estudiante YO SOY sincero, en cualquier lugar que se encuentre, tenga la sensación de que sus Llamadas no son escuchadas.

¡Todos los estudiantes YO SOY, han tenido numerosas manifestaciones en respuesta a sus Llamadas y hay cientos de respuestas a sus Llamadas, de las que ni siquiera se han percatado! Sea lo que sea, estoy decidido a brindarles ciertas satisfacciones y esto será la Victoria de la Luz para los estudiantes YO SOY de toda la Tierra.

Mi Bien-Amado: si crees que has tenido ciertos problemas en tu aplicación y en el control de tu propio mundo, los resultados obtenidos durante los últimos tres años son muy importantes. Han sido años de preparación y los frutos superan todo lo que se ha visto en el mundo. Somos nosotros, la única Autoridad en esta materia. Tú no ves los resultados, pero nosotros sí. Sabemos con exactitud todo lo que se refiere a sus corrientes de Vida: lo registramos con la mirada.

El ejercicio de la atención

Mi Bien-Amado: aún no has comprendido por completo esto; has aceptado otorgar poder al mundo de las apariencias, que no tiene en el fondo sino el poder que le otorgas, en lo que atañe a tu propio mundo individual. ¿No has visto esto? Quiero explicarte nuevamente porqué las cosas parecen limitarte.

Sí, por el poder de tu atención, en concordancia con las apariencias que te limitan, vuelcas tu Energía en estas cosas. ¿no eres tú el único responsable? No necesitas hacer esto. Puedes apartar tu atención de esta aparente limitación y fijarla en la Poderosa Presencia YO SOY donde debe estar. Entonces la atención no puede percibir limitaciones de este mundo aparente, que no tiene poder. Se te ha dicho esto con frecuencia, pero Yo cargaré esto con Mi Convicción.

Bien-Amado: ¡entrénate y ejercítate para estar alerta! Cárgate lo mismo que todo el Grupo, con el Poder de la Presencia, manténte alerta y no atiendas sino a las Palabras que vienen de la plataforma. Entonces el intelecto, el sentimiento, la visión —la atención y la cualificación—, convergirán armoniosamente y acumularán la Fuerza que se irradia hacia ti para tenerla en una Acción todopoderosa en su sentimiento para que te sirva constantemente.

Estamos decididos a que obtengas tu Libertad; muéstrate tan decidio como nosotros. Defendemos la Causa de tu Libertad. No solo esto. Te proveemos de la Energía, la Sustancia y la Calificación que entrarán en tu cuerpo emocional para liberarte, si no destruyes nuestro Servicio. Si puedes aceptar lo que Yo cargo en tus sentimientos, esto te procuraría la liberación de toda limitación financiera para toda la vida. Toma consciencia del esfuerzo que nosotros hacemos al crear un proceso de purificación en ti, que producirá tu Victoria financiera.

Ha llegado el momento en que debes comprender que esta Poderosa Presencia YO SOY, que hace latir tu corazón, es el Poder ilimitado de Dios. Esta Presencia responde a todas tus Llamadas y proyecta Sus poderosos Rayos de Luz, de Sustancia, de Inteligencia y de Energía para producir los resultados esperados. La Ley de tu Vida quiere que no cuentes sino con tu Poderosa Presencia YO SOY de Vida.

El poder de la Luz: los decretos

¡Esta Presencia no es sólo el Poder Supremo en tu mundo individual, sino también en el Universo! Te digo sinceramente que, si entendieras que tu Cuerpo Mental puede dirigir estas poderosas, invencibles Corrientes de Luz y

Energía, sabrías sin ninguna duda que es imposible no tener respuesta a tus Llamadas.

Si eres firme e irreductible, la plena y todopoderosa Convicción de que tu Llamada a la Presencia de Vida pone en acción el infinito Poder del Universo para realizar, a través de tu forma física, el Servicio pedido será tuyo. Pero es necesario mantener la Armonía en los sentimientos, el tiempo necesario para detener la acción de las calificaciones discordantes. Entonces, la Victoria de la Luz te procurará, en abundancia, todo lo que necesites.

Son muchos los que hace treinta o cuarenta años intentaron servir a la Luz, sin saber cómo hacerlo. Actualmente, al trabajar en Grupo y al expresar estos poderosos Decretos y Afirmaciones, prestas al mundo el mayor Servicio posible. ¡Las grandes ondas de luz emitidas por tus Grupos son algo prodigioso! ¡Es un Servicio Magnífico que sobrepasa el entendimiento humano! Permítenos que te aconsejemos y te ayudemos hasta el día en que puedas valerte por ti mismo. Puedes tener plena confianza en tu Poderosa Presencia YO SOY, en los Maestros Ascendidos que vuelcan sobre ti, sin límite, su Poder, su Bendición y su Asistencia. Cambios muy importantes se producen rápidamente en el mundo. Todo esto debido a la acción de los Seres Cósmicos, de los Maestros Ascendidos, de las legiones de la Luz. No pronunciamos palabras sin sentido, pero en cambio, consumimos y disolvemos la sustancia descalificada que los agentes de las fuerzas siniestras concentran para una acción destructiva.

La Diosa de la Luz ha consumido, entre otras cosas, efectivamente la entidad de la guerra en Europa. Nosotros usamos esta Sustancia, de una forma similar a como las amas de casa amasan la harina del pan. Pero nuestra acción de dar forma a la Sustancia es infinitamente más rápida y más poderosa.

Imagina un gran círculo que representara la atmósfera de la Tierra y en el que se hallara toda la Sustancia de propósitos destructivos e inmorales que ejercieran demasiada presión sobre la humanidad. Imagina entonces un instrumento mecánico que proyectara el Soplo de Fuego Todopoderoso de Dios, la Triple Llama que apareciera físicamente en este círculo de sustancia devorándola, mejor dicho, disolviéndola y consumiéndola a medida que avanzara; esto te dará una idea de lo que se ha hecho verdaderamente.

Los Grandes Seres Cósmicos, son quienes han puesto el Poder de la Triple Llama en acción para consumir la Sustancia producida por la discordia y los excesos sexuales de los hombres, que vuelca su terrible presión sobre ellos. Una enorme cantidad de esta Sustancia descalificada, ya ha sido consumida y esto puede darte una ligera idea del Poder de la Luz Cósmica y de los Seres Cósmicos. Cuando la Existencia dice: "Ve hacia adelante!". Estos Seres ponen en Acción el Poder de la Vida que es la Llama Espontánea y, cuando la discordia toca esta Llama, es disuelta y consumida. Ciertas personas podrían eventualmente ver la Acción de la Luz Cósmica en el firmamento. Se han concedido nuevas licencias para poder activar la operación, antes de la apertura del Royal Titon. Observa por lo tanto que tan real e indispensable es nuestra Presencia para la Humanidad.

El significado del Mañana y el Hoy en los decretos

¿Por qué estoy ante ti en esta actitud positiva casi agresiva? Porque voy a destruir todo lo que queda de humano en tu cuerpo emocional. ¡Esto no podrá ya crear más interferencia en la expansión de la Luz de tu Presencia de Vida a través de tu cuerpo físico, en respuesta a tus Llamadas para la manifestación de la Perfección y de todo lo que deseas! ¿Quieres aceptar esta convicción en tus sentimientos? Una vez terminado el trabajo preparatorio, entramos por completo en Acción. Créeme, verás los resultados. Verás que nosotros te decimos la Verdad.

Pero recuerda que tienes igualmente un rol que representar. Dispones del Poder infinito de la Vida para permanecer feliz y optimista. Si por desprecio de lo que nosotros te ofrecemos, al despedirte de nosotros, regresas a tu propia atmósfera y entorno diciendo: ¿Qué es lo que voy a hacer mañana? Entonces otorgas de nuevo poder a estas cosas humanas, que en el fondo no lo tienen. En vez de abandonarte a estos sentimientos de tristeza, de depresión o de carencia, defiende tu terreno y toma posición con tu Poderosa Presencia YO SOY. Supongamos que no tienes ni una moneda en el bolsillo actualmente, ¿qué importa esto con el Poder de tu Presencia? Ella te puede procurar 100 mil monedas mañana.

Hay quienes dicen: "El mañana" no llega nunca. Por lo tanto, no debería yo decir "mañana", sino "ahora". Ayer, hoy y mañana, están siempre aquí y allá. En realidad esto no existe. Lo importante es que no hay sino "ahora". Las limitaciones de hace un instante, nos conciernen ya "ahora". Recuerda esto en el futuro, y en las Llamadas que vas a realizar. Si te has despojado de todo ayer, ¿esto tiene alguna relación con el Poder de tu Presencia, que es el Poder del Universo? La Presencia puede armonizar y crear circunstancias humanas que nos procuraran esta Abundancia divina que parecía alejarse de ti.

El secreto de la atención

Sin tus Llamadas, de Nuestra Actividad y de las Dispensaciones alcanzadas, la humanidad hubiera quedado eternamente en las garras de la fuerza siniestra que aquella ha generado durante milenios.

Cuando escucho a la gente calcular el número de años que han vivido en una incorporación, no puedo evitar sonreírme, porque han vivido miles de años. Cuando vuelves a tomar un nuevo cuerpo eres bello y, si supieras cómo hacerlo, podrías incluso ahora, recuperar por tu mandato la belleza de la juventud.

La acumulación discordante en tus sentimientos, es la que te impide comprender todo lo que ya se te ha enseñado. ¡Tienes en tus manos el Cetro de Poder que te permite dar a tu cuerpo la apariencia que desees! Pero por una larga sugestión, las personas se dejan dominar por un poco de dolor o malestar. ¡Es una vergüenza! ¡Es ridículo!

Pero no te desanimes. Un viejo proverbio dice: "Si no tienes éxito a la primera, empieza una y otra vez". En el fondo, nada puede privarte de tu Libertad y, lo que no has hecho en tres años, al ser constante en tu aplicación, lo harás en cinco o en diez. ¿Qué importa incluso si esto te llevara cuarenta años? ¿Qué es esto en comparación a los cientos de incorporaciones que has pasado para crear esta discordia?

La acción de la Presencia

En tu sentimiento, no aprecias lo suficiente todo el Poder y las Bendiciones que ya has recibido. ¡Perdóname si te lo digo! Aleja todo el pasado y permite al Poder y a la Perfección de la Luz que te inunden. ¡Observa la Carta y ve cómo el poder y la Perfección de la Vida pasan a través de tu cuerpo y actúan en ti en cada momento! Por tal razón, no dudes en dar pleno Poder a tu Presencia para perfeccionar tu cuerpo, para armonizar tu mundo por la expansión de su Poderosa Radiación. Esta Presencia es Soberana: puede dominar todo lo que se relaciona contigo. No te angusties por más tiempo. Intenta ser un poco más firme, un poco más determinado; un poco más iluminado en tu conciencia, conociendo que el Poder que llamas a la Acción es invencible, nada humano puede detenerlo, ni en ti ni a tu alrededor.

¡Armoniza tus sentimientos! Si sientes enojo o alguna perturbación en tu cuerpo emocional, esto constituye una fuerza de repulsión. No es asunto de personas, de lugares o de circunstancias, sino que es la cualidad de la energía que actúa. Si deseas ser un poderoso imán que atraiga todo lo que hay de deseable, entonces debes difundir constantemente el Amor y las Bendiciones Divinas hacia todos.

Rechaza toda perturbación de tus sentimientos; rechaza enojarte, rechaza toda habladuría. ¡Entonces advertirás que los Poderes de la Infinita Luz colmarán tu mundo de la Gloria de su Perfección, llenandote de abundancia de todo lo bueno!

Te repito esto, con una nueva convicción cargada de un Poder especial, que estará en constante actividad en tu mundo. En la poderosa Radiación que te envuelve, siente cómo se sostiene en permanencia y en Acción ilimitada.

He aquí que te has convertido en un Ser nuevo, lleno de ardor, de comprensión y aplicando de inmediato todo lo que se te ha explicado para crear tu eterna Libertad.

Los pasos del ritual

Tengo que decirte también, que cometes un grave error al no seguir el Ritual. Cuando domina la naturaleza humana, y quiere ejercer su propio poder, corre el riesgo de no obtener los resultados deseados. Todos los Grupos que no han seguido estrictamente el Ritual se han separado. Cuando los Grandes Seres te piden una leve obediencia no es para trabar tu libre arbitrio, no tengas ningún temor al respecto. ¡Tendrás todo el tiempo para utilizar el libre albedrío! Pero cuando la Liberación de la Tierra y de la humanidad dependen de esto, es preferible obedecer a nuestras peticiones, si quieres obtener resultados inmediatos. Cuando el Gran Director Divino pidió que el Ritual sea respetado y aplicado, Él tenía mayores razones y sabía porqué lo pedía. Por el empleo del Ritual recibes la Radiación de los Maestros Ascendidos. Sus Palabras y Su Poder producirán rápidos resultados.

La constancia en el camino de la Luz

Te felicito a ti, estudiante del YO SOY, por la firmeza de tu carácter y tu constancia en el Camino de la Luz. Ganarás el dominio sobre ti mismo y tu aplicación se vuelve más poderosa; tu Fe en la Acción de la Luz en respuesta a tus llamadas crece. Veo que te vuelves más humilde en tu Servicio, mismo que es cada vez más grande, ante la Presencia de Vida. Un día, tu Gloria llenará el mundo. Tu tienes desde hace mucho tiempo grandes deseos mundanos. ¡Manténte firme! Con un Poder y una rapidez inefable, la Ley funciona, para producir la manifestación de estos grandes y poderosos Deseos. Si conservas la Armonía, y te purificas sin cesar, verás cómo se producen estas realizaciones con la rapidez y el Poder del Relámpago Azul. ¿Quién enraiza estos grandes Deseos irresistibles en ti y en todos los que sirven a la Luz? Es el Poder y la Actividad de la Vida, difundiendo Su Perfección, Su Fuerza y Su

Poder. Por tal razón, debes fijar tu atención el suficiente tiempo en tu Poderosa Presencia YO SOY para permitirle manifestar la Soberanía de la Vida en una Acción exterior perfecta. Actualmente, esto se produce con una Fuerza y una rapidez que te darían un Valor y una Fuerza ilimitados, si pudieras verlo como nosotros. Resistirías todas las apariencias en y alrededor de la humanidad. ¡Que tu Valor sea supremo! ¡Eres Hijo de la Luz! Y en tu Servicio a la Luz, te aproximas al momento en que el Poder de la Luz comienza a ponerse a tu servicio! Entonces conocerás una cierta ligereza, una Paz y una seguridad cuya aplicación será invencible.

La influencia de la sugestión humana

Ve, por lo tanto, hacia adelante, en el Poder de la Luz que ya te pertenece. No permitas que ninguna sugestión humana te prive en tu mundo individual de la aceptación todopoderosa de tu poder. No discutas jamás al respecto, con nadie. Habita en la Gloria de esta Felicidad, de este Valor y el pleno Poder de nuestra Convicción, que yo cargo en ti ahora.

Invoca al Poder irreductible de la Luz silenciosamente, con el propósito de que tome su Soberanía en tu Vida, tu cuerpo y tu actividad. Que haga descender, del Tesoro de tu Presencia, la abundancia ilimitada de moneda y de toda otra cosa que sea necesaria para el Servicio de la Luz.

Recuerda: la Presencia de Vida no te impone límite alguno. Si necesitas dinero, el Poder de la Luz es capaz de producirlo y lo proporcionará a tu Llamada, si permaneces firme e inflexible en tu petición.

Acepta, y vive con nuestra Convicción y rechaza todas las sugestiones de tu propio Yo humano y de los demás, que traten de penetrar en ti y ahí enraizarse en cualquier tipo de conflicto.

¡Oh, mi muy querido, debes mantenerte siempre firme ante las sugestiones humanas! Toda la atmósfera se encuentra llena de ellas.

La Sustancia que ha sido consumida, no es la Sustancia de las sugestiones humanas. Éstas durarán el mismo tiempo que existan humanos imperfectos. ¿Ves esto? ¿No ves que no puedes detener las sugestiones humanas en tanto que cada ser individual no se eleve a la Pureza y al Poder de la Vida? Porque entonces todo deseo de emitir una sugestión discordante o limitante se habrá desvanecido.

Mientras que los humanos no hayan Ascendido, tendrán que tener en cuenta sugestiones humanas, pero no deben aceptarlas.

Llegará un día, en que estarás tan seguro en la Comprensión de esta Ley de la Poderosa Presencia YO SOY, que ninguna sugestión humana conseguirá penetrar en tu mundo y producir efectos en él.

La alegría es el motor de la Vida

Con todo el Gozo y toda la Felicidad que yo represento, te pregunto: ¿Has notado que nuestra Victoria es mucho más que la estricta "Victoria"? Nuestra Victoria, es una felicidad ilimitada en la manipulación de los Rayos de Luz para producir la Perfección en todas partes. Vuelco una parte de mi Vida en ti. Eres ahora una parte de mí mismo, ¡sé entonces prudente! No quieras hacer de hoy en adelante algo que "Victory" no haría. ¿Quién de los dos es ahora el responsable? ¿Tú o yo? Si yo fuera indeseable en tu mundo, dí simplemente: "¡Vete de aquí!". Y no habrá problema.

No obstante, me parece que nadie dirá: "¡Vete de aquí!" ¡Oh mi muy querido! La alegría es el motor de la Vida y, cuando hagas Llamadas, que sea siempre con esta Felicidad que sabe que tu Llamada es infalible, porque es el Poder de la Vida, el Poder de la Luz el que entra en Acción, inundándolos y controlándolos totalmente.

La acción de la Poderosa Presencia

La Presencia YO SOY, se sirve únicamente de tu forma humana para hacer la Llamada, pero la Poderosa Presencia YO SOY y la inteligencia, que trabajan para producir los resultados, son el invencible Poder de la Luz y de la inteligencia, que ninguna circunstancia humana consigue limitar. Piensa siempre en esto; medita en esta idea y verás qué tan poderosa y definitiva será tu seguridad: tu aplicación será más enérgica y los resultados más inmediatos. Recuerda que eres, que te mueves y que vives constantemente en la Radiación de esta Poderosa Presencia YO SOY, que hace latir tu Corazón y que esta Presencia es el Poder y la Luz de esta Todopoderosa Inteligencia que concibe y mantiene al Universo.

Es imposible estar separado de esta Presencia. Es imposible no tener en tu mundo el peso de Su Poder, mientras vivas en un cuerpo físico. Líbrate, por lo tanto, de toda duda relativa al Poder que te inunda a cada instante para producir Su Perfección.

El poder de las sugestiones humanas

No te dejes influir por las sugestiones humanas. No temas nada en este mundo aparente. No tiene poder. ¡Comprende lo que pasa cuando dices con la intensidad y el Poder de la Convicción a todas las situaciones humanas limitantes: "¡No tienen poder!" Evita siempre que todo lo que es de naturaleza limitante actúe en tu mundo. Si entonces pides a tu Poderosa Presencia YO SOY, que vele para que esto sea permanente y no penetre más en tu mundo, ganarás seguramente una fuerza viva que impedirá que toda sugestión o circunstancia humanas actúen en tu mundo, te limite o te produzca sufrimiento o angustia. Verás que en lo sucesivo, un Poder siempre creciente, aportará la curación instantánea y la Libertad individual en todas las situaciones.

La importancia de la Radiación del Grupo

Hay otro punto que te pido atiendas, porque es de suma importancia. En ocasiones, ciertos estudiantes sienten una fuerza que los aparta del Grupo o del Líder, o de asistir a los Servicios. Es muy sencillo de explicar. ¡Las fuerzas siniestras que tratan de apartarte de esta Enseñanza, proyectan sobre ti una sustancia que te impide percibir la buena Radiación que viene del Grupo, del Líder y de los Servicios! Pero si eres adicto al Grupo, al Líder y a los Servicios, ganarás tu Libertad y la desaparición de tus problemas.

Los que laboran para impedir esta Enseñanza, son desafortunados. Es su acumulación discordante secular la que les obliga a esto, y el día que esa fuerza se vuelva contra ellos, las consecuencias serán espantosas; ya que al hacer esto, ellos no tienen que ver con seres humanos, sino con el Poder Infinito de la Luz Cósmica que está determinado a alzar la tasa vibratoria de la Tierra. Y nada ni nadie aquí, puede evitarlo. ¡Manténte en guardia y vigila! Jesús dijo: "¿No puedes velar una hora conmigo?". Y todos se durmieron. Pero tú vas a vigilar clara y definitivamente y serás testigo de la desaparición de todos los individuos que son los que apoyan la fuerza siniestra, al tiempo de que la Luz Cósmica pone en movimiento su Acción poderosa y toma su Soberanía en la Tierra, porque los seres humanos serán libres nuevamente.

Los muy desafortunados, egoístas e ignorantes para comprender la inmensa Bendición que representa esta instrucción para la humanidad, no cambiarán, no obstante, nada de esta Verdad. ¡Pero debemos tener en cuenta que estas circunstancias están en el mundo de las apariencias y liberarnos de ellas es lo que nosotros haremos! El tiempo de las advertencias y de la paciencia ha finalizado. ¡Vamos a actuar! La Luz Cósmica ha hablado. Esta Luz Cósmica de la que nosotros hablamos se emite por el Foco Central de Luz, de Inteligencia y Poder que sostienen este sistema de planetas y que son dirigidos por Grandes Seres Cósmicos cuyo Poder e Inteligencia son humanamente impensables. No hablamos aquí de la Luz Cósmica Universal.

Los Grandes Seres Cósmicos que constituyen este Poder conscientemente dirigido y proyectado de la Luz Cósmica, con la consciencia de que esta Instrucción YO SOY, es la única forma que existe para liberar a la humanidad, han dicho: "¡Toda oposición a esta Luz debe cesar!".

Por tal razón, estamos obligados a poner la Ley en Acción, a ejecutar la Orden recibida y detener toda oposición.

La Luz ha entrado en Acción en las esferas gubernamentales; ella consume las espantosas concentraciones de magia negra, que provocan y sostienen el tráfico de estupefacientes, la trata de blancas, la homosexualidad, las orgías sexuales, el alcoholismo, la producción de máquinas de guerra, etc.

Todas estas ignominias son descubiertas una tras otra y expuestas públicamente, puesto que desaparecerán del Planeta, al igual que los individuos que las sostienen.

Continúa dando tu poderoso Decreto para la Purificación del Planeta, su atmósfera y toda vida por todas partes y deja a la Sabiduría y al Poder de los Seres Cósmicos y de los Maestros Ascendidos, la Acción de estos Grandes Rayos de Luz que prestarán el Servicio pedido. El gran cambio vendrá para la Bendición de toda la humanidad, sin lucha y sin batalla.

Mi Bien-Amado: Debes estar agradecido por este privilegio. ¡Continúa usándolo y envía todo a las Manos del Poder de la Sabiduría y de la Luz! Tú no haces sino Llamadas para la Perfección. Deja al Gran Poder de la Luz que tome la Acción necesaria para producir esta Perfección. Incluso si hay una acción física necesaria para el cumplimiento de la Gran Ley. Sin embargo, es siempre la Gran Ley la que actúa.

Grandes Seres Cósmicos esperan cada hora para responder a tus Llamadas, pero tú debes hacer la Llamada. Ellos no actuarán sin ella.

Cuando realizas la Llamada para la proyección de los Rayos de Luz en el Gobierno, los puestos oficiales y todo lo relativo a la Dirección de los humanos, de inmediato estos Rayos de Luz penetran en el objetivo elegido, para hacer reinar el Orden y la Justicia Divinos.

Si se dice: "¿Por qué los Seres Cósmicos no actúan por su propia iniciativa?". Yo respondo: "¡No son asuntos que les atañan!". Te has puesto en estas circunstancias penosas y a ti te corresponde huir de ellas. Y es con el fin de ayudarte a salir de aquí como esta magnífica comprensión se ha dado a la humanidad. Ésta debe sentir la necesidad de hacer Llamada a la Vida para ser liberada de la discordia autogenerada.

Recuerda siempre lo siguiente: ¡Los humanos jamás serán librados de la obligación de hacer Llamadas para alcanzar más Perfección! Si esto no fuera así, los humanos serían perfectos desde hace mucho tiempo y no estarían bajo la cruel angustia que los oprime. ¡La evidencia se encuentra delante de ti! Los seres humanos han cometido errores y para corregirlos, deben dirigirse al Único Poder que puede hacerlo.

La comprensión de la Poderosa Presencia YO SOY

Los hombres no se liberarán nunca sin invocar la ayuda de la vida y de los Grandes Seres de Luz, porque ya no poseen más la Fuerza y el Valor para hacerlo solos. La energía humana ha sido derrochada hasta el grado en que se encuentran sin valor y sin voluntad.

Sin embargo, actualmente gracias a la ayuda recibida de los Maestros Ascendidos, miles de estudiantes YO SOY ganan la Comprensión que los mantiene firmemente bajo su Poderosa Presencia YO SOY y se liberan, pero no sin nuestro apoyo. ¡He ahí por qué nos necesitas, y de qué manera, mi Bien-Amado! Recuerda que varios Maestros Ascendidos te han dicho: "¡Tienen Poderosos amigos!". ¿No es esto hermoso, una bella realidad? En el mundo físico has buscado amigos y por lo general has sufrido una gran decepción; los que te habían prometido su amistad se han revelado a veces como mortales enemigos es la inestabilidad del hombre.

Pero en el Orden Divino, esto es totalmente desconocido. La humanidad conocerá de nuevo el Orden, la Justicia y la Amistad divinas en su verdadera y poderosa Perfección. Cuando uno de nosotros dice: "¡YO SOY tu Amigo!", lo sigue siendo eternamente.

Te digo hoy: "¡YO SOY tu Amigo!". ¡Recuerda siempre esto! ¡Si te confrontas con una prueba, piensa en Victory, tu Amigo! YO SOY el Dominio y la Victoria de la Vida. No existen circunstancias en el mundo sobre las que no tenga yo el Dominio y la Victoria.

Ahora trato de hacerte sentir que tienes también un similar dominio y victoria sobre ti mismo, sobre todas las circunstancias que conciernen a tu mundo; ¡puedes armonizarlas y hacer reinar en ellas la Perfección de la Vida en su completa Soberanía eternamente!

¡Te doy las gracias!

La Plenitud de la Presencia vierte sobre ti su Amor indispensable.

Bendición de Saint Germain

La Plenitud de la Presencia nos da todas las cosas deseables.

Saint Germain

LECCIÓN 5

TERCER DISCURSO DEL BIEN-AMADO VICTORY

Bienvenida

¡Mi bien amada Familia de las Victorias! Heme aquí nuevamente cerca de ustedes. Porque nos encontramos en la estación de las Victorias, de la Felicidad y de la Luz y es justo que yo venga para dar mi Amor, mis Bendiciones y mi Victoria para la recepción de este poderoso Amor de su adorable Maestro Jesús, que crece en intensidad y en volumen su Radiación hacia el mundo en este período.

El mensajero de Jesús en el Amor y Curación sobre el planeta Tierra

Para mí es un gran privilegio realizar todo lo que está en mi Poder para intensificar su Amor y su Radiación de

Bendición y de Luz. ¡Mi Hermano Jesús es la Victoria Cósmica de la Luz para el mundo! Y es para mí un Honor y un Privilegio ser el mensajero que anuncia el próximo envío de su Gloriosa Corriente de Vida. Su Llama de Amor y de Curación van a extenderse sobre la Tierra; ¡todos serán cubiertos por la Bendición del Fuego Cósmico radiado con su Autoridad Cósmica de la Victoria eterna del Fuego Sagrado! Nuestra Bien Amada María se une al poderoso Maestro Jesús para cubrir a todas las Naciones con su Gran Llama Cósmica de Curación.

Que se me permita abrir el camino para que su Gran Llama de Curación alcance la Tierra. Cada año, los seres humanos vuelcan su atención hacia todo lo que Jesús, María y el Elohim de la Paz representan para ellos y se hacen más receptivos a su Radiación de Amor y de Paz; y yo tengo de igual manera el privilegio de participar en su Victoria. Que se me permita anunciar la aproximación y la expansión de una nueva y Poderosa onda de Paz enviada con toda la Autoridad Cósmica del Elohim de la Paz.

¡Que se me permita extender mi Manto de la Victoria ante estos Grandes Seres, para que sus Llamas consuman en la Tierra todo lo que no es la Victoria del Amor!

Estos Gloriosos Seres Cósmicos han difundido durante Eones el Amor de sus Corrientes de Vida sobre los habitantes de la Tierra. Cuando la Luz se expandía, su Amor contribuía grandemente en ello.

En el presente ha llegado la hora en que la Victoria Cósmica está asegurada por esta onda de Amor Cósmico cuya Acción y Poder forman el eterno Manto de Victoria Cósmica para la Tierra.

La armadura de Luz

¡Tú, mi Bien-Amado, eres parte de esta Vestidura de Luz, que es la Victoria de la Vida en el Mundo! ¿No deseas, como cada uno de los demás en particular, sentirte parte de este Manto de Sustancia-Luz que envuelve a la Tierra, purificándola y elevándola nuevamente a la Luminosidad de su Divino Arquetipo? La luminosidad de los cuerpos humanos, de la estructura de la Tierra y de su atmósfera constituyen la Victoria para la Tierra. Por la Ascensión de cada Corriente de Vida individual es la manera como se realiza esta Victoria, porque las Corrientes de Vida son los átomos de este mundo. La propia estructura de la Tierra debe volverse luminosa. Porque su tasa vibratoria tiene que elevarse hasta la de la Acción de la Conciencia de los Maestros Ascendidos. ¡La Luz de todas las Corrientes de Vida incorporadas a la Tierra llegan a ser la Llama de Amor que envuelve al planeta y transmuta su Sustancia en la Gloria Solar! El planeta debe resplandecer de Luz y participar en el Cántico de Felicidad que resuene en el resto de la Creación. ¡Las sombras no intervienen en este Cántico de la Vida! Sólo la Luz es la que canta la Victoria. ¡La Luz es el Cántico de Gratitud y de Bendición de la Vida! Sólo la Luz es la que dispensa la Opulencia del Universo para uso de los seres humanos. Únicamente la Luz perdona la presencia de las sombras. Sólo la Luz es la divina Autoridad sobre todo lo existente.

La Victoria de la Luz

La Luz de cada Corriente de Vida, de cada Presencia YO SOY y del Cuerpo Mental Superior; la Luz del Sol físico y del Gran Sol Central; la Luz de los Maestros Ascendidos y de los Seres Cósmicos que dan su Ministerio a los humanos, la Luz de los Siete Poderosos Elohims que son los Arquitectos de la Tierra; la Luz de los Poderes de la Naturaleza y de las Fuerzas de los Elementos sobre y dentro de la Tierra, esta Luz sola, ¡es la Victoria de la Vida! ¡Esta Luz es la Única Autoridad en la Tierra!

El Plan Divino forma la Victoria

¡He venido para entrar en ti, a través de la Palabra y por la Radiación de la Poderosa Ley Cósmica y para reanimar en ti, por mi Llama de Amor, el recuerdo de que sólo el cumplimiento del Plan Divino representa la Victoria!

¡Quiero que esto sea registrado en ti, con letras de Fuego Vivo, el Fuego de mi Amor, de mi Gratitud hacia la Vida que hace de mí la Victoria del Plan Divino cumplido para esta Tierra y una parte de la Victoria de todo este sistema de mundos! ¡Esto es un extraordinario privilegio, un gran Gozo! Sólo al alcanzar la plena Victoria de la Luz y del Plan Divino cumplido, es la manera en que se conoce la Felicidad; la Felicidad permanente que otorga la Vida a los que sirven su Divino Plan y difunden su Amor y sus Bendiciones, sobre el resto del Universo.

El sentir de la Victoria del Plan Divino

¡YO SOY La Soberana Majestad de la Victoria! El cumplimiento del Plan Divino, da solamente esta Autoridad y este Poder.

Es necesario que sientas esto en tu vida diaria. ¡Resolver un problema en alguna parte, no representa necesariamente la Victoria! ¡Puedes resolverlo, pero mientras no te hayas elevado a la Autoridad y la Perfección de tu propia gloriosa Presencia YO SOY y que no hayas manifestado el Plan Divino, tendrás que enfrentar una buena cantidad de problemas mañana, si no cumples hoy con el Plan Divino.

Te lo ruego, reflexiona profundamente en la palabra: Victoria, en la gran Llama de Amor Cósmico, que brinda tan generosamente a los seres humanos la oportunidad de ser felices para siempre; de producir la eterna Belleza y Perfección; de devenir "uno" con la Majestad de todo el Universo y de ser la Autoridad en todo aquí en la Tierra, por el Poder del Gran Amor Cósmico.

El registro de la Victoria Cósmica

¡Espero hacer en ti, hoy, un "Registro" de lo que simboliza para la Vida la Victoria Cósmica! Si quieres concederme frecuentemente tu atención e invocar mi Iluminación Cósmica de lo que la Victoria Cósmica significa para la Tierra, Yo te elevaré por encima de las luchas, de los conflictos y de las limitaciones, pero es preciso tener la oportunidad para ello. Si has decidido expresar la Majestad del Poder de la Victoria Cósmica, tu atención debe fijarse en el Plan Gigantesco de la Creación y debes comprender que tienes el privilegio de ser un fragmento de este cumplimiento del Plan Divino.

Sólo apartando tu atención de la mezquindad de los asuntos cotidianos, es como tendrás el tiempo y la atención necesarios para otorgar a la Majestad de la Creación ¡La Victoria del Plan Divino cumplido, que reconocerás en todas partes, cuando vuelvas la vista hacia las Alturas! Si tu atención está absorbida por los detalles prosaicos de las cosas que sólo importan para el cuerpo físico, entonces no conocerás mucho de lo que representa la "Victoria". ¡No experimentarás la Felicidad de la Victoria del Plan Divino cumplido! Te invito a elevar tu mirada hacia la Majestad y el Poder de la Victoria de la Creación entera y hacia una Octava de la Luz, donde dispondrás de Poderes de manifestaciones ilimitadas; donde gozarás por ser una parte de la Perfección del Todo.

¡Mi muy querido, sólo la expansión de la Luz es la Victoria! ¡Tus deseos cotidianos para satisfacer al Yo exterior, incluso si la mayoría son constructivos, no simbolizan la Victoria de la Vida! La Victoria es la expansión de la Llama del Corazón de tu Presencia YO SOY, a través de tu forma física y tu retorno hacia el Manantial de la Manifestación indefinida Universal: la Gloria y la Belleza del Plan Divino cumplido a través de ti.

La atención adecuada para la Victoria

Te digo algo: cuando estés en problemas, aparta tu atención de ti mismo, cualquiera que sea la apariencia discordante. Ordena a tu atención que permanezca en la Poderosa Presencia YO SOY y los Seres Cósmicos que dan su Servicio al mundo entero; y trata de entender un poco de la amplitud de estas Corrientes de Vida que están al Servicio del Planeta y del cumplimiento del Plan Divino. Advertirás que después de una hora de contemplación, después de haber brindado tu Amor y tu Devoción a estos Seres en agradecimiento de lo que sus Dones representan para el resto del mundo, ¡te será difícil volver al pequeño yo exterior y sentir ternura por las apariencias de angustia o de discordia! Cuando por encima de ti está la oportunidad de una Victoria Cósmica. ¿Permitirías que el yo exterior te tuviera en la esclavitud de sus limitaciones? Olvídate mi Bien-Amado. Y yo digo a cada estudiante: cualquiera que sean las apariencias, no me interesan los errores pasados o los problemas presentes, ¡porque de otra manera yo no sería Victory!

Las tinieblas no pueden cubrir la Luz del Sol

La Bien Amada Diosa de la Luz te ha dicho que el Cuerpo Mental Superior de muchas personas, debe cerrar los ojos para no ver las iniquidades cometidas, indicando así que èl Cuerpo Mental Superior no tiene ningún interés en estos errores y limitaciones. He aquí lo que significaba la máxima del Maestro Jesús cuando decía: "No mires a nadie en la carne".

Si te preocupan los errores y las limitaciones de los que te rodean, serás igual a la masa de toda la imperfección que notas.

¡Para mí esto no puede representar la Victoria! ¡No estás obligado a conocer todos los detalles de las tinieblas para comprender al Sol! ¡Las tinieblas no pueden enseñarte nada sobre el Sol, pero el Sol puede aniquilar todas las tinieblas! Pueden interponerse sombras entre tú y el Sol, pero ellas no entran en el Sol, ni suprimen su existencia.

¡Esto debe mostrarte tu futura actitud frente a la humanidad!

La Victoria del Ser Cósmico

Se te ofrece la oportunidad de ser el Sol Cósmico de la Victoria Suprema del Plan Divino cumplido, que te permita bendecir todo lo que contactes, con una Felicidad permanente y entonces, ¿para qué perder tu energía criticando a los demás y discutiendo apariencias?

YO SOY; Yo Estoy aquí para darte la Victoria de tu Libertad; para revestirte de la Poderosa Llama de Felicidad perenne de la Victoria Cósmica; ¡para consumir por el Fuego Sagrado, para siempre, el recuerdo de todo lo que no es la Gloria futura! Has permanecido durante siglos en las tinieblas; pero no estás obligado a estar en ellas más tiempo, ¡porque he aquí que la Puerta Abierta está ante ti, dejándote vivir para siempre en la Victoria de la Luz!

¡Ve intrépidamente hacia adelante! ¡Mi Amor te envuelve! ¡La Llama de la Victoria Cósmica del Plan Divino cumplido está ante ti como un faro mostrando el camino de la Realización y tú no conocerás más que la Felicidad si efectúas esta Realización y te acuerdas de mí!

Mi Bien-Amado, te lo ruego, desde ahora toma posición ¡y sabe que el cumplimiento del Plan Divino a cada momento de tu existencia aquí en el cuerpo físico, es lo único a lo que debes conceder tu atención, tu Amor y tu Energía! Quien posee el Valor, la Fuerza y la Determinación de colocar esta Gloriosa Presencia YO SOY por encima de todo en la Tierra y que expresa: "¡Es ahí donde debe fijar su atención toda la humanidad! ¡Es ahí donde brindaré mi Amor y mi Devoción! ¡Hacia estas Alturas dirigiré la atención de todos! ¡Ahí recibirán el Poder que liberará a todos! ¡A estas Alturas me dedicaré por completo!", quien piensa y vive esto es Señor de todo.

La acción de la Divina Presencia

¡Esta Gloriosa Presencia YO SOY que te domina; esta Poderosa Adorable Presencia YO SOY, la Victoria Suprema del Fuego Sagrado de todo el Universo, es capaz de proyectar una Llama de su Mano y hacer para ti y para los demás lo que ninguna otra ayuda física, por más que se esfuerce, producirá nunca!

Yo te digo: "¡Toma conocimiento de tu Poderosa Presencia YO SOY! ¡No temas darle el primer lugar! ¡Enseña a los hombres a mirar hacia el Cielo! Enséñales cuál es la Realidad de cada una de sus inspiraciones y de cada uno de los latidos de su corazón, y no tendrán que luchar más para ayudar a la gente por medios físicos, porque la Presencia los revestirá de su Llama y, al igual que el Maestro Jesús, producirás con un movimiento de la mano, cosas que el Yo exterior no podrá lograr nunca, a pesar de sus enormes esfuerzos físicos".

¡Solamente colocando la Poderosa Presencia YO SOY por encima de todo y encomendando todo a ella; aceptándola como tu Victoria; tratándola como a tu Ser Vivo, digno de toda tu atención en todo momento, es como conocerás la Victoria que YO SOY! ¡Mientras que dividas tu Servicio hacia la Vida, no poseerás la Victoria! ¡No puede haber dos dueños de tu casa, porque una casa dividida interiormente está en peligro de destrucción! Y dime ¿qué hay más grande en este mundo que el Yo Divino del que recibes todo?

Te lo suplico, sé leal hacia el "Yo". Ahí es donde debes dar tu Amor y tu Devoción. A Él retorna todo el Mérito y la Gratitud. El "Yo" es tu Cielo.

Jesús ganó la Victoria sobre todo en esta Tierra y puso el ejemplo de dicha manifestación, porque lo envió todo a las Manos de la Presencia YO SOY y toda la Gloria ¡y los Poderes de la Presencia lo envolvieron en estos Poderes Cósmicos que le aseguraron la eterna Supremacía, principalmente, en este mundo!

¿Comprendes bien mi muy querido, que tu Victoria representa la Victoria sobre las cosas de este mundo, sobre los sentimientos, sobre las corrientes energéticas que se esfuerzan en retirarse de tu Presencia y en captar tu atención a fin de alimentar a través de tu Energía las limitaciones de los errores y de la discordia humanos?

¡Victory, simboliza aceptación de la Presencia YO SOY con exclusión de todo! ¡Victory representa la autoridad de esta Presencia que dice a todas las circunstancias externas: YO SOY la Perfección eterna que deseas! ¡Busca la armonía, purifica y cumple el Plan Divino como fue decretado en un principio!

Bendición y Acción

Si estás dispuesto a aceptarme, Yo te doy mi Iluminación de la Llama Cósmica de la Victoria Cósmica. Mi Amor es la Llama Cósmica de esta Victoria Cósmica que cumple el Plan Divino siempre, si lo pides.

Por tus Llamadas has logrado estar muy cerca de tu Victoria.

La verdadera Victoria

¡Quiero que te convenzas de que no existe sino una Victoria: El cumplimiento del Plan Divino! Dicha Victoria es el dominio sobre toda discordia y sin el cumplimiento del Plan Divino por tu parte, estarás obligado a seguir la rutina de las limitaciones de los pensamientos y de los sentimientos humanos, hasta que cada átomo de tu ser grite: "Poderosa Presencia YO SOY, yo vuelvo a ti, quiero habitar en ti, tú eres mi Victoria".

¿Quién es el conquistador Victorioso en el Universo? ¡La Llama Individualizada del Gran Sol Central en tu Presencia, en tu Cuerpo Mental Superior, en tu Corazón! ¿A quién sirves en las actividades exteriores del mundo? ¿Qué te procuran estas actividades exteriores? ¿Te ayudan a realizar tu Ascensión? ¿Te ayudan para asistir a los demás Seres a realizar su Ascensión?

¿No es la Ascensión la Coronación Victoriosa de la Peregrinación humana aquí en la Tierra? La Ascensión de la Tierra a la Luz de la que procede, ¿no es una Victoria para ella? ¿No supones que es la Luz la que ilumina este mundo para permitirte ser la Victoria del Plan Divino cumplido? ¡No robes lo humano! ¡No te complazcas más en las satisfacciones de los sentidos físicos, cuando por encima de ti la Maestra Presencia del Fuego Sagrado habita, lista a hacer surgir a través de tu forma física, estas Poderosas Llamas que generan manifestaciones de una Magnitud, de una Belleza y de una Perfección que representan un Gozo y una Bendición para toda la Creación para siempre!

La elevación de vibración en el mundo

Ahora, una nueva Onda Cósmica de Iluminación se difunde en la Tierra y originará en la masa humana, un deseo por este algo superior. Si vuelves tu atención a la

Comprensión Cósmica de la Victoria podrás —afirmando ser una parte de su Majestad, de su belleza y de su poder— aprovechar al máximo esta Onda Cósmica cuya expansión bendice todo. ¡Has sido un intrépido defensor de la Luz! ¡Has alcanzado muchas Victorias! Sin embargo, ¡yo deseo que obtengas la Victoria Cósmica! Incluso antes de haber alcanzado tu Ascensión, puedes abrir Puertas por las que nuestra Llama Cósmica de Victoria sea capaz de ordenar el cumplimiento del Plan Divino. Para ti, esto será como una Gloria resplandeciente y serás cada vez más feliz. Tanto como ni siquiera lo imaginas en este momento. ¡Yo deseo esta dicha para ti!

No consideres más las circunstancias del mundo exterior como dignas de tu tiempo o de tu atención. Ordénales que se conviertan en la Llama Cósmica de la Victoria Cósmica y desaparecerán o se transformarán en una Perfección que te procurará una felicidad digna de ser eterna. Quiero que sientas tu Dominio Cósmico sobre las apariencias del mundo externo; porque sólo a través del conocimiento, la aceptación y activar la Llama Cósmica de la Victoria Cósmica, es como ésta surgirá a tu alrededor con la intensidad necesaria para obligar a todo lo humano a ceder el paso para que sea consumido. Deseo que la Llama Cósmica de mi Amor sea una Bendición para ti. Deseo iluminar tu mente, todo lo que la Victoria significa para ti. Quiero grabar en tu memoria que únicamente lo que cumple el Plan Divino es la Victoria. Cuando lo humano intente obstruir tu camino, ¡levanta tu espada de Llama Azul y destrúyelo! ¡Ordena a mi Llama Cósmica de la Victoria que se proyecte ante ti y que trace el camino por el que transitarás hasta que llegue el día de tu Ascensión y así será!

El Relámpago de la Victoria

El mundo será testigo de manifestaciones que producirán la iluminación y la aniquilación, de todo lo que ha atado a la humanidad a las limitaciones de los sentidos. Decídete ahora a ser el Gozo de mi Victoria Cósmica y mi Llama se proyectará hacia ti como un relámpago a través de las nubes y yo te alcanzaré donde sea, de inmediato. ¡Conviértete en el Relámpago de mi Victoria, la Llama Cósmica de mi amor, el Poder Infinito de mi Perdón y todo lo que contactes se transformará en tu Victoria Cósmica!

Los Grandes Seres Cósmicos que envían su Radiación durante las Siete Semanas Sagradas disponen de algunas actividades del Fuego Sagrado mismas que no puedes ni imaginar. La amplitud de la Llama que Ellos son capaces de dirigir sobrepasa todo concepto humano. La Autoridad y el Poder que Ellos poseen en el Planeta, pueden hacer plegar todo lo humano y su Amor es la manifestación del Plan Divino.

Nos gustaría que en mitad de la noche, cuando expreses tu Amor, tu Gratitud y tu Adoración a los Bien Amados Jesús, María y el Elohim de la Paz, invoques a la Llama Cósmica de Su Victoria con el propósito de que ésta sea como el Manto del Fuego que envuelve a toda la joven generación, toda la Nación y toda la humanidad. Que la

Llama Cósmica de su Victoria sea un Manto que cubra cada cuerpo humano en la Tierra y que esta Llama Cósmica del Fuego Sagrado consuma todo lo que no se le parece.

El placer de la Victoria

¡Oh, mi Bien-Amado, si pudieras ser consciente del Poder que ahora posees! Si pudieras tener la consciencia de que en algunas horas, tal vez, guardando el sentimiento intenso de la Autoridad de la Llama Cósmica de la Victoria Cósmica del Amor, ésta surgiría a través de tu cuerpo y de tu mundo, produciendo los Milagros de Perfección que te sorprenderían. Si este Poder no se encontrara en tu corriente de Vida, yo estaría aquí. ¡Quiero que sientas en cada átomo de tu Ser que posees la Autoridad Cósmica para Ordenar a la Llama Cósmica de la Victoria Cósmica, que manifieste el cumplimiento del Plan Divino para ti, por ti y para aquellos a los que amas! ¡Que todo lo existente produzca el cumplimiento del Plan Divino por la Llama Cósmica de Amor Cósmico!

Si toda la Energía que se desperdicia en la llamada Defensa Nacional, misma que produce más bien la destrucción; si toda la Energía empleada diariamente en la fabricación de cosas que destruyen casi siempre los bienes que Dios otorga; si toda esta Energía fuera, al menos un día, calificada por la Llamada de la Llama Cósmica que se encarga de cumplir el Plan Divino, ¡nosotros podríamos poner el Fuego Sagrado en Acción y elevar a los seres humanos fuera de las tinieblas para siempre!

La acción de los Maestros Ascendidos, los Seres Cósmicos y los Elohims

Cuando Seres extraordinarios como el Elohim de la Pureza, el poderoso Señor Maitreya, el Bien Amado Jesús, el poderoso Saint Germain y Godfré, cuando Seres poderosos como Sanat Kumara y Cyclopea son capaces de hacer surgir periódicamente las grandes Llamas Cósmicas, que ellos mismos dirigen, para consumir en la atmósfera de la Tierra la discordia provocada por la humanidad; cuando estos Seres Cósmicos extraordinarios hacen surgir las Llamas Cósmicas para la Libertad de todos, entonces, mi muy querido, vengo para ayudarte a hacer la Llamada para el Despertar de todos: con el objeto de que reconozcas a la Poderosa Presencia YO SOY y a estos Grandes Seres y aceptes lo que te permitirá liberar a la humanidad.

Mi Bien-Amado: Todo estudiante ha tenido ya muchas manifestaciones y pruebas de que Corrientes de Energía y la Llama de Amor surgen a través de sus formas a tu Llamada. Pero todo esto no es nada, en comparación con lo que podrás recibir si pudieras sentir profundamente cuál es la Majestad de estos Bien Amados Grandes Seres y lo que Ellos representan para la población del planeta.

Has hecho grandes progresos, pero los que te esperan podrían lograrse más rápidamente y con tal alegría celestial, que Yo he venido para colmarte con mi Llama Cósmica de la Victoria Cósmica con el propósito de hacerte sentir su Acción Cósmica, para proyectarte lejos del alcance de toda preocupación por una Onda de Poder como de un enorme Océano; para hacer de ti un mar resplandeciente de esta Llama Cósmica de Amor Cósmico y de Victoria, que cubrirá a tu prójimo, a los Seres de la Naturaleza y a la Vida por todas partes. Tu Luz crecerá, Tu Amor crecerá, Tu Victoria será eterna; el Plan Divino será revelado y manifestará su Autoridad magnífica y serás la prueba viva de esta herencia divina que te pertenece, frente a toda la Creación.

Cuando los amados que están presos en las sombras de la aflicción exterior vengan a ti, dirigirás de nuevo su atención hacia la Divinidad del Universo y estarás ante ellos como Seres extraodinarios de la Victoria. Les dirás: "Bien-Amados, he aquí la Luz! Hay un camino de regreso hacia la casa del Padre. Yo te tiendo la mano y tu Libertad es verdadera.

La pista de Fuego de los Maestros Ascendidos

Conviértete en esta Llama Cósmica de la Victoria Cósmica de mi Amor. Presta este Servicio a la humanidad. En este momento la Tierra te necesita a ti y a tus semejantes. Conviértete en un Ser de Gloria, de Belleza, de Perfección y, en la Autoridad de la Victoria, del Poder y del Amor Cósmico Supremo, no cedas a lo humano. Vuela en cambio, hacia el Camino de la Luz; traza una Pista de Fuego que absorba en tu Corazón a todos los que te rodean y conviértete en el Poder que eleva a tu país y al mundo.

Nosotros tenemos el enorme Privilegio de recibir la Emisión del Gran Maestro Jesús y, cuando cantas tu Amor por Él, te rodeamos y enviamos hacia ti esta Llama de la Victoria Cósmica de la que te hablo. Si quieres aceptarla, sentirla y creer en su Realidad, habitará cerca de ti y las manifestaciones futuras serán la evidencia de esta Verdad.

La Luz Cósmica que surgirá en las próximas semanas es de una importancia fundamental. ¡Todos los Seres Cósmicos hacen convergir sus Poderosos Rayos y sus Llamas Cósmicas para el cumplimiento de la Victoria de la Luz por todas partes!

La Copa de Cristal

Conviértete en una Copa de Cristal que sea capaz de recibir y retener todo lo que los Grandes seres quieren otorgar y transfórmate también en una Fuente inagotable que haga brotar la Luz y el Amor del Fuego Sagrado en cualquier sitio. ¡Se acerca la hora cósmica en que todo lo que conforma la aflicción humana será echado de la Tierra! ¡Espero que logres aparecer en esta hora de la Victoria con la vestidura de la Llama Cósmica de la Victoria de mi Amor Cósmico; rodea de esta Llama de mi Mano, de mi Corazón y de mi Cabeza a los que se aproximan a ti. ¡Que mi Llama les revele el secreto de la Autoridad Cósmica que será otorgada a los que se consagran por entero a la Victoria del Plan Divino cumplido para todos! Siente mi Poder Cósmico en la Llama Cósmica de mi Amor Cósmico activándose ahora para su Libertad y ordena que tus cuerpos sean librados de toda limitación. ¡Yo te ayudaré! Quiero que el Plan Divino se cumpla para ti y por ti. Deseo que seas la evidencia viviente de toda la Magnificencia que el Amor y las Bendiciones de la Vida da a los que quieren aceptarlas. ¡Que la Llama Cósmica de la Victoria de mi Amor te cubra con el Manto del Fuego Sagrado! Que la Llama avance y libere a todos los que sufren en el mundo entero. ¡Que brotes Llama tras Llama, como relámpago en el Cielo, y envuelvas a todos los que amas y los lleves al Gozo de mi amor Victorioso!

Yo responderé a tus Llamadas y, juntos, daremos la mano a todos hasta la Victoria del cumplimiento del Plan Divino, por el Gran Poder del Amor Cósmico que impondrá Silencio a todo lo humano.

Has aceptado nuestra Realidad; has encontrado Refugio en las Llamas de nuestro Corazón. Pongámonos juntos "a las órdenes" del Maestro Jesús, la Bien Amada María, el Poderoso Elohim de la Paz, mientras envían su Emisión del Fuego Sagrado hacia la Tierra. Ellos te envolverán con sus Llamas de Amor Cósmico, de Paz Cósmica y de Curación Cósmica. ¡Que mi Llama de Victoria Cósmica y la Llama de Libertad Cósmica del Bien Amado Saint Germain y las Llamas de Amor de todos los Grandes Seres que están de guardia y presentes aquí con ustedes, los cubran hasta la Victoria de su Ascensión!

LECCIÓN 6

ENSEÑANZAS DE SANAT-KUMARA

"Queridísimo Hijo de la Luz: es un gran privilegio y un gran gozo para mí, presentarte a un Maestro que inicia hoy sus enseñanzas.

Cierra los ojos durante unos instantes y concentra tu atención en tu propia Poderosa Presencia YO SOY, con el objeto de permitir a dicho Maestro elevar la acción vibratoria del lugar donde te encuentras al punto requerido para iniciar esta lección.

Con gran placer te presento a Sanat-Kumara".

Te doy infinitas gracias.

Saint-Germain

Enseñanzas de Sanat-Kumara:

La comprensión y la acción de tu Poderosa Presencia

La comprensión y la puesta en marcha de tu Poderosa Presencia YO SOY, deben volverte intrépido ante lo humano.

De manera personal, no estás a merced de las circunstancias. Recuerda que en lo que te atañe individualmente, puedes rehusar todo tipo de contacto con cualquier apariencia inferior a la Perfección, invocando a su Presencia. Tú tienes toda la autoridad para hacerlo, por lo que no puedes responsabilizarte sino a ti mismo si persisten las limitaciones. Las circunstancias discordantes no te afectarán jamás. Aunque tú mismo hayas creado estas condiciones de limitación que experimentas. Yo te digo, no obstante, que ya no tienes porqué soportarlas. Piensa en ello seriamente. Hoy que aún te encuentras dentro de tu forma física, posees la Autoridad que te permite emplear un Poder que hace siglos se adquiría durante largos años de disciplina bajo la guía de un Maestro Ascendido.

El conocimiento del YO SOY

La tarea que realizamos los Maestros Ascendidos, puede parecer trascendente a los seres no iniciados. No obstante, no existe nada en el Universo que no sea práctico. He aquí la razón por la que nuestro Bien-Amado Saint Germain nos ha otorgado la comprensión de la Poderosa Presencia YO SOY, que es invencible. Un estudiante del YO SOY, ni siquiera debería abrigar dudas sobre si es capaz de invocar esta Poderosa Presencia para producir un determinado resultado. Además, estoy seguro de que ningún estudiante pensaría pedir nunca a la Presencia hacer algo destructivo.

La Llama Triple

Querido Hijo de la Luz, después de tantos siglos, es extraordinario encontrar a tantas personas dispuestas y deseosas de aportar de manera consciente y por sí mismas, todo el esfuerzo necesario para alcanzar su Liberación.

No cabe duda que —al fin— la humanidad ha tomado consciencia de su Soberanía eterna.

Tú no eres capaz de entender lo que tu propio esfuerzo representa para ti mismo y para la humanidad.

Seguramente te preguntarás: "¿Por qué razón mi atención se ha dirigido hacia la Comprensión y la Explicación de la Llama Triple y la Llama espontánea?".

Es debido a la Actividad extraordinaria que necesita la Tierra en la actualidad, por lo que tus llamadas, querido hijo, no se refieren sólo a tu propia Libertad y la de tu continente, sino que constituyen un Servicio para toda la Tierra. Quiero decirte que he recibido estas Llamadas durante más de dos millones de años. Siempre ha sido indispensable que la Asistencia de la Luz Cósmica, empiece a producir ciertas Actividades permanentes para la Tierra ¡y es indispensable que esto se realice a través de la humanidad, cuyas formas son una proyección de la Poderosa Presencia de Dios individualizada, que tú has aprendido a reconocer como tu Poderosa Presencia YO SOY!

Las práctica de las Grandes Leyes

Todo estudiante del YO SOY, alguna vez, ha sido "inducido" a poner en práctica estas grandes leyes. Y digo "inducido" porque cada uno de los que son atraídos por la Radiación de Saint Germain, ha sido un discípulo consciente en una u otra forma de sus incorporaciones. Ahora bien, por el simple hecho de que la atención se dirige cada vez más hacia la Poderosa Presencia YO SOY, hay seres en todas partes del mundo, que seguramente sentirán el despertar de este recuerdo. No puedo aconsejarte que te dediques a atraerlo, ya que esto se producirá de manera natural. Esta es la forma como debes manifestar en ti todas las cualidades. Concentra tu atención en tu Poderosa Presencia YO SOY. Ella te abrirá la Puerta que permite a Su Perfección, manifestarse de un modo natural.

El uso positivo de la Poderosa Presencia

Mientras me dirijo a ti, permíteme hacerte consciente del sentimiento de tu Poder y de tu Poderosa Presencia YO SOY, activada para producir cualquier resultado constructivo. Es probable que no sea necesario hacer énfasis en lo "constructivo", porque a ti se te ha enseñado que la Presencia no brindará jamás Su Energía para un fin destructivo.

Recuerda siempre lo siguiente: sólo calificando la energía que ya esté acumulada a tu alrededor, es la manera como un individuo puede producir resultados destructivos.

Asimismo, tú sabes que la Energía como tal no discrimina —es neutra—, pero si continúas llamando a tu Presencia en acción, Su Amor, Su Sabiduría y Su Poder, calificarán naturalmente la energía que atraviesa tus formas, difundiéndose en esferas de acción, con la Perfección de la

Presencia, con la condición de que sus sentimientos conserven la Armonía. Comprendan bien esto, ya que no hay nadie que sea una excepción a esta regla.

Yo acepto como adquirido, y en ello insisto, que la comprensión de todos los estudiantes del YO SOY está alerta y obra con pleno Poder.

Los estudiantes son Seres de Luz

¡Los estudiantes son Seres de Luz ahora, mi Bien-Amado! Ya no son niños confundidos en la oscuridad de la ignorancia, sino que son Hijos de la Luz, alertas en el Servicio y listos para alcanzar la Libertad. Permanece cada vez más alerta hasta que sientas el pleno Poder de tu Presencia, respondiendo siempre con la rapidez del relámpago.

No aceptes nunca más el concepto humano del tiempo. Si existía en la vida cotidiana, una apariencia de tomar en cuenta el tiempo, no hay que aceptarlo como real en el intelecto y el sentimiento, de otra forma, quedarás atrapado por tus limitaciones. Debes afirmar y sentir: "Yo no estoy limitado por el concepto humano del tiempo y espacio". De esta forma, permitirás que tu Presencia elimine por completo ambos conceptos, en lo relativo a tu Vida personal.

Recuerda: ¡Eres tú el que decreta lo que ha de pasar en tu vida! ¡Tienes la Autoridad, te corresponde servirte de ella ahora! ¡Todo el poder y toda Autoridad están aquí! Posees una Autoridad completa para poner el Poder Divino en acción aquí, en la Tierra.

¡Piensa lo siguiente, mi Bien-Amado, y nota que no se trata de palabras sin sentido! ¡Has entrado en una Luz poderosa, en la Extensa Luz del Universo! No permitas a tu intelecto que piense en esta Luz como en algo aproximado. La simplicidad de las palabras con las que estas Poderosas Leyes se expresan, nada quita a su carácter sumamente preciso. ¡Los que han criticado la sencillez de estos términos, mismos que permitirán liberarse a los humanos, son unos pobres individuos! ¿De qué nos serviría usar un lenguaje que nadie comprenda? Sólo la ignorancia es la que se disimula en conceptos que nadie entiende. Los Sabios y los Grandes, logran siempre hacerse comprender, incluso por un niño. El día en que estés completamente libre de todas las formas humanas de limitación, verás que, en las Octavas superiores de la Luz, las expresiones usadas son todavía más sencillas que las actuales.

Cuando toda vanidad y orgullo intelectual desaparezcan, ¡entonces los hombres serán de nuevo los Señores de su mundo!

Cuanto más comprensión posee un ser, se vuelve más humilde, sencillo, natural y nada consigue con tornarse complicado o con perder su naturalidad.

Mientras un estudiante no viva con total humildad de corazón, tendrá dificultades que enfrentar; sin embargo, una humildad sincera, permite al Poder de la Presencia difundirse rápidamente con una Actividad disolvente más poderosa, que salvará todos los obstáculos y todas las imperfecciones.

La guía de los Maestros Ascendidos

Ahora algunos estudiantes tienen muchos años de entrenamiento bajo la guía de algún Maestro Ascendido, quien conoce tal vez mejor que cualquier otro ser, lo que necesitan los seres humanos. Él ha dado esta instrucción a los que han deseado vivamente aceptar la Gloria de una comprensión que puede asegurar la Libertad a todo ser humano que pretenda llevarla a la práctica.

Te pido que no busques dificultades donde no existen. En este Planeta, no hay Instrucción y Explicación superiores a las que Saint Germain te ha brindado. Sería una locura creer que encontrarías alguna enseñanza parecida en otra parte.

Si yo te colocara delante de un Espejo Cósmico, percibirías que la diferencia entre el estado de tu cuerpo físico hoy y el de hace seis meses, es tan enorme que no lo olvidarías ni aún en toda la Eternidad.

Recuerda que los más grandes poderes del Universo, son invisibles.

La manifestación invisible

El hecho de que aún no logres ver la manifestación exterior de la Perfección que invocas, no es causa para que dudes de dicha manifestación.

Te aseguro que toda persona —en cualquier parte— que sea sincera y que realmente sienta que la Presencia está por encima de ella y que le proporciona Su Vida, puede liberarse rápidamente.

Tú ya no eres principiante. Posees la comprensión, la determinación y eres una persona seria. Por lo tanto, yo me dirijo, a ti y te digo que ninguna de tus Llamadas para activar la Presencia puede fallar. Si la respuesta no se manifiesta pronto, es que aún tienes las dudas y los temores propios de tu intelecto, o que has escuchado las palabras de individuos mal informados o mal intencionados.

Mientras más te mantengas dentro de estos pensamientos discordantes, más tiempo permanecerás atado por las limitaciones.

La Llama Violeta y la Poderosa Presencia

Conoces el empleo de la Llama Violeta Consumidora. Es la primera fase del trabajo, y la segunda consiste en invocar a la Poderosa Energía de la Presencia, para producir una expansión de los puntos de Luz en sus cuerpos. ¿Te das cuenta de la inmensidad de la Autoridad y de la Actividad que tú posees? Si en realidad tuvieras consciencia de esto, mi Bien-Amado, después de haber usado de manera dinámica la Llama Violeta Consumidora, por espacio de algunos años, podrías borrar todo tipo de imperfección.

Por la expansión de la Luz en cada célula de tu cuerpo, por la Llamada a tu Presencia, podrás disolver todos los restos de imperfección que todavía se encuentran en tu estructura humana. Son las dudas en tus sentimientos, las que te impiden tener resultados completos. No digo esto con el afán de criticar, sino para explicarte el porqué de las cosas; y a continuación te ayudaré a gobernar la Actividad que te ayudará a librarte de todo lo que aún queda en tus sentimientos y que impide la manifestación de tu Libertad.

Es a tu Presencia a quien debes pedir que te libre de tus sentimientos, y de todo aquello que forma un obstáculo para la expansión de Su Luz en ti. Mientras me dirijo a ti, pondré en Actividad una Asistencia especial sobre este punto para ti y para todos los que, en cualquier parte, sirven a la Luz, porque para mí no existen el tiempo ni el espacio. Lo único que te pido, es que consagres cada día un poco más de tiempo para solicitar a tu Presencia que haga más intensa Su Luz en cada célula de tu cuerpo, con el propósito de que se desvanezca toda imperfección.

Cuando todo obstáculo humano ceda el paso, advertirás resultados asombrosos.

¿No deseas también, apreciar en su justo valor la ayuda extraordinaria que el Gran Director Divino te ha concedido? Siente también profundamente la gratitud que le debes. No pienses en ello sólo con tu intelecto, siente intensamente estas actividades. En lo sucesivo, sentirás la expansión de esta Luz en cada célula de tu cuerpo desde el momento en que llames a tu Presencia.

Te aseguro que nunca más estarás en esclavitud por ninguna de tus creaciones humanas. No olvides esto. Sabes ahora que el Poder de tu Presencia posee toda Autoridad y que la Ley de la Vida ordena a la Energía que se vuelque a tu Llamada; no depende, por tanto, sino de la intensidad de tu Llamada para disponer de ella sin límite alguno.

El poder de la cualificación

Atraigo aquí tu atención sobre dos puntos importantes. Con tu intelecto te concentras sobre un objetivo dado: pero no gobiernas siempre sobre tu poder de cualificación. Por tal razón, hay que pedir a tu Presencia que tome el mando absoluto de tu visualización, de tu atención y de tu poder de cualificación y que les obligue a convergir sobre la Perfección que la Presencia es. Hay que detener para siempre la acción de las ideas y de los sentimientos humanos en tu esfera de acción. Entonces, tendrás a tu disposición el Poder total por el que haces tus Llamadas. ¿Quieres o no, ser libre? Naturalmente que lo deseas. Entonces Yo te digo: cancela toda conversación que pueda resultar discordante; rehusa experimentar sentimientos discordantes y, después de eso, advertirás con qué rapidez tu Presencia producirá resultados. ¡No te aferres más a tu intelecto, porque el mundo de las apariencias te rodea!. Si deseas aceptar la ayuda que los Maestros Ascendidos te ofrecemos, ganarás rápidamente la Victoria de tu Libertad. Hay cosas que, nosotros no podemos forzarte a hacer —la Ley de la Vida no lo permite—, pero sí podemos ofrecerte sugerencias y con frecuencia, si quieres leer entre líneas, tu intuición te permitirá comprender muchas cosas que los Maestros Ascendidos no podemos decir abiertamente. Recuerda que nosotros hemos ofrecido una Asistencia ilimitada a todo estudiante sincero en el mundo! ¿No te dice algo esto? ¿No significa que puedes estar seguro de tu Victoria? Rechaza todo lo que pertenezca al mundo de las apariencias y entonces, cuando invoques a tu Presencia en acción, verás que Ella tomará el mando absoluto y tu batalla habrá terminado.

La humanidad no ha sido concebida para luchar

Los seres humanos no han sido concebidos para luchar. Sólo porque han olvidado el Manantial del Poder, y se han esforzado en cumplir cosas desde el punto de vista mundano —el punto de vista exterior—, su lucha ha ido aumentando hasta el grado de no saber qué medios usar actualmente.

Tú tienes el privilegio de haber recibido esta Comprensión y la forma de ponerla en práctica. ¿Podrías sentir miedo aún? No puedo creerlo. No es posible para ti, que eres consciente de tu Poderosa Presencia YO SOY, creer que todavía existe algo en el mundo externo que pueda perturbarte o limitarte.

Dí: "¡Desaparece, mundo de las apariencias! ¡Ya no tienes Poder alguno! Es mi Poderosa Presencia YO SOY la que detenta el Poder y Su Autoridad es ilimitada". Ante esta Presencia, el mundo de las apariencias debe disolverse y desaparecer.

Se aproxima el tiempo en que la gran Luz Cósmica tomará Su Soberanía sobre la Tierra. Por tal razón, si entras en la Actividad de tu Poderosa Presencia YO SOY, actuarás en cooperación con esta Gran Luz Cósmica que es tu Victoria cierta y tu Libertad. Recuerda que al invocar a la

Presencia para todos los hombres que aún no comprenden, obtendrás resultados magníficos también para ellos.

Yo te invito a no condenar, si hay alguna apariencia de discordia, invoca a la Presencia de este individuo para que reciba ayuda; y de esta forma no crearás en tu propio mundo, condiciones que deben ser disueltas. Tu Autoridad no actúa sino en tu propia esfera de acción. Convéncete de esto. Así, por la expansión de tu Luz, llegarás a ser de una gran ayuda para todos.

Me despido de ti envolviéndote en Mi Amor, Mis bendiciones, y te cubro con Mi Manto de Luz, ¡hasta el día en que tu Victoria y tu Libertad, estén aseguradas! ¡Hasta el día de tu Ascensión cuando entrarás en la Octava donde el Poder de la Luz es Eterno y Supremo!

¡Te doy las gracias!

La Plenitud de la Presencia vierte sobre nosotros Su Amor indispensable, La Plenitud de la Presencia nos otorga todo objeto deseable.

LECCIÓN 7

PRIMER DISCURSO DE LA BIEN-AMADA MARÍA

La Soberanía Cósmica

¡Mi Bien-Amado: vengo a ti para cubrirte con esta gran Llama de Paz y de Poder de Curación que YO SOY para la Tierra! Desde hace siglos Yo dispenso esta Llama y nada puede resistir a Mi Amor!

¡Sea contigo la Paz, mi precioso Hijo! Seguiré inundándote de esta Llama de Amor hasta que estés identificado con este mismo Poder y esta Paz.

¡Estamos tan agradecidos cuando el Corazón de los humanos invoca nuestra Ayuda! Agradecemos cuando esta Llamada se hace conscientemente y con la Comprensión de la Acción de la Ley —aceptando nuestra Realidad y seguros de que puedes cooperar con nosotros y que sabes cómo hacerlo— porque entonces es cuando podemos volver a ti y expandir la menor chispa de Luz en ti y a tu alrededor, para que comprendas que representas la Soberanía Cósmica de todo lo que, en este Planeta, ha sido descalificado por lo humano.

Quiero que sientas profundamente que, cada victoria alcanzada por ti sobre una limitación o calificación humana, te hace dueño de esta limitación idéntica en cualquier parte del mundo exterior. Cuando has establecido la Paz en ti, hasta el grado de ser capaz de mantener la calma y la naturalidad en medio de las circunstancias discordantes que te rodean, entonces eres Dueño de éstas.

Todos los Seres de los Elementos, perciben incluso la menor chispa de Energía claramente, de manera que si posees el control de los Elementos en tu propio cuerpo, reconocen que eres Dueño de ellos.

Todas estas cosas que representan problemas para ti, no lo hacen para nosotros. Me dices que, en ocasiones, las dificultades son amenazadoras; te creo. Pero olvidas que varios de nosotros tuvimos que pasar por cosas peores durante el tiempo que duró nuestra Realización. ¡No pienses que nuestra Vida ha sido un camino de rosas!

¿Sabías que, hasta el día de la Ascensión de mi Hijo Bien Amado, fue necesario que estuviera alerta ante estas terribles fuerzas destructivas, y que esto lo hice durante treinta y tres años de Mi Vida? Tú no has luchado tanto tiempo.

Todas las fuerzas diabólicas se concentraron para impedir que Jesús diera el ejemplo que dio. Los magos negros estaban decididos a obstaculizar el establecimiento del

Registro Etérico que Él creó en la Atmósfera de la Tierra; pero resultaron impotentes ante el Poder de la Luz que Él gobernaba.

En cuanto a Saint Germain, él mismo te ha contado que si supieras el tipo de experiencias espantosas por las que pasó durante la Edad Media, cuando ganó su Maestría, tus cabellos se erizarían de horror.

La Paz de los Maestros Ascendidos

Sé que el peso de la discordia se carga a veces con gran intensidad sobre tu cuerpo emocional, pero nosotros no esperamos sino aliviarte. Cada año, llegamos cada vez más cerca de ti, en tu atmósfera, constituyendo la finalidad de esta aproximación la de tenerte cubierto en la Sustancia de nuestro Amor y de nuestra Luz. Cubre con ella tu cuerpo físico para que puedas cuidar la Paz. Poco importa lo que se produce en los sentimientos de quienes te rodean: nuestra Paz puede envolver y penetrar tu energía, darle nuestra cualificación, aislarla y excluir por completo la acción vibratoria externa, al grado de volverse casi inexistente. Deseo que sientas que cualquier discordia no es sino una tasa vibratoria energética que pasa por la Sustancia.

El efecto de la Llama Cósmica en el ser humano

¿Qué sucede en los Planos Interiores, cuando cargas a través de esto la Perfección de la Llama Cósmica de Amor

Cósmico? Si invocas a tu Poderosa Presencia YO SOY o a un Maestro Ascendido, una Llama desciende realmente, inunda y envuelve cada tasa vibratoria que constituye un conjunto de circunstancias. Ahí tiene lugar una transformación; modifica la sustancia; eleva en ella la vibración y le impone la naturaleza de la Llama, con igual facilidad con la que se afinan las cuerdas de un instrumento musical.

Una vez que se cambia la tensión de la cuerda, la vibración se modifica y la antigua vibración desaparece. Lo mismo sucede con las situaciones discordantes.

La Perfección de la Llama Cósmica de Amor Cósmico cubre las condiciones discordantes del cuerpo, de la mente o de la atmósfera ambiental, las eleva y las absorbe. Puede resultar extraño decir avanza y "ama" la tasa vibratoria inferior hasta el grado de elevarla a su propia altura. Esto no significa amar la discordia, sino propiamente hablando, es el Poder del Fuego Sagrado que la disuelve. Cuando el Fuego físico consume un pedazo de papel, éste se transforma y consume por la naturaleza del fuego. ¿No es cierto? ¡El papel desaparece y la Llama es siempre la Autoridad Maestra! Los dos han llegado a ser uno, pero la naturaleza del Fuego no se ha cambiado; es el papel el que ha sido transformado.

De igual forma sucede con la tasa vibratoria de tu cuerpo. Si has pasado por muchas experiencias desagradables, por fijar la atención en estas condiciones negativas se acumula alrededor del cuerpo físico, y pesa sobre él, una pequeña cantidad de energía que no ha recibido la Bendición de la Vida. Si Llamas a la Perfección de la Llama Cósmica de Amor Cósmico, entonces la Bendición de la Vida penetra en esta condición y la tasa vibratoria será elevada y esta sustancia será absorbida por la Llama. Así es como se realiza la Curación del cuerpo físico.

El Cuerpo de Luz

Es necesario sentir que tú, tu verdadera identidad, eres el Cuerpo de Luz que penetra la estructura atómica. Los nervios del cuerpo físico, difunden la Luz de tu Cuerpo Mental Superior y, por radiación, controla la estructura atómica de la carne y la hace realizar sus órdenes. Tú eres el Ser de Luz. El Cuerpo de Luz, sobre el que, o alrededor del cual las sustancias químicas atómicas (la estructura atómica) se encuentran reunidas. Este Cuerpo de Luz eres tú.En este Cuerpo de Luz vives por la noche cuando crees que duermes. Recuerda y siente esto varias veces al día. Dí: "YO SOY, el Ser de Luz del Gran Sol Central, que anima esta estructura atómica".

Siéntete como un buzo bajo la superficie. Es el hombre quien mueve el traje que lleva puesto. Igual sucede contigo: tu Cuerpo de Luz se reviste de la estructura atómica para circular en la atmósfera del planeta, pero tú no eres esta estructura atómica. Tú eres el Ser de Luz que lleva el cuerpo.

Al usar la Llama Cósmica de Nuestro Amor de Curación, piensa en lo que ocurre cuando colocas una esponja debajo de una corriente de agua para limpiarla de las impurezas acumuladas.

Como un suspiro, nuestra Llama de Curación puede atravesar los cuerpos físicos; puedes purificarte con ella como en un torrente o una caída de agua hasta que sientas una Paz total.

Visualización de la Llama Rosa y Oro

Visualiza esta Llama Rosa y Oro. La Acción vibratoria de la Llama estimulará la circulación de Nuestra Radiación de Paz en los nervios del Cuerpo. Esta Llama colma los nervios de una Acción vibratoria especial de Oro líquido que procura siempre la Paz. Es necesario que entiendas que el Poder Cósmico responde a la invocación que nos diriges. Si actualmente la estructura atómica te causa cierto malestar, haz pasar por tu carne, nuestro Amor para la estructura atómica. Utiliza simplemente las palabras: "YO SOY la Paz del Amor Cósmico" y cada vez visualiza esta Llama Rosa y Oro atravesando el cuerpo y difundiendo su Bendición a todo el Universo.

El Amor Cósmico es el Eje del Universo. Representa la más elevada tasa vibratoria del Elemento Fuego. Una vez que hayas generado una presión suficiente de la Llama Cósmica de Amor Cósmico, todo el Universo se someterá y devendrá esta Presencia de Amor en Acción.

Deseo que quedes pleno y desbordante de Nuestro Sentimiento de Amor Cósmico.

Siente esta Llama Oro y Rosa llenando toda la parte superior de tu cuerpo y mírala inundando todo con su

Amor. ¡Observa este Amor, esta Bendición y esta Perfección expandiéndose sin otro propósito que la Expansión en Sí Misma!

No te condenes. No reproches nada a los otros. Permanece simplemente en la aceptación de tu Amor Cósmico y difunde tus Bendiciones sobre la Vida; ¡sobre cada chispa de Vida que percibas! Mi Bien-Amado: el día que estés completamente identificado con la Llama Cósmica de Amor Cósmico, la gran alegría de cada día consistirá en difundir, por cada latido de tu Corazón y por cada una de sus expiraciones, este Amor Cósmico diciendo a la Vida en todas partes: "¡Mi Amor te liberará! ¡YO SOY la Llama de Amor Cósmico de Dios que te liberará!"

La Llama Cósmica del Amor Cósmico

Visualiza constantemente esta Luz de la Llama Cósmica, difundiéndose y cubriendo a los seres y a las cosas.

Toda la Perfección del Plan Divino en Acción se encuentra contenida en el Fuego Sagrado de la Llama Cósmica de Amor Cósmico. Es el medio de Curación universal. Aplícalo igualmente, a todas las Naciones del Mundo.

¡Piensa que la Llama Cósmica de Amor Cósmico, no puede ser suprimida o detenida, porque es la manifestación de la Ley Cósmica! Todas las tasas vibratorias inferiores deben ser elevadas hasta la altura vibratoria de la Llama de Amor Cósmico. Por lo tanto, toda creación humana tendrá un fin, pero lo divino dura eternamente. La Perfección de la Llama Cósmica de Amor Cósmico es Divina. ¡Nada, ni nadie puede cambiarla!

Visualización de las células de nuestro cuerpo

¿Puedo pedirte que consideres cada célula de tu cuerpo como si fuera un hijo tuyo? Tu conciencia reside en cada célula de tu cuerpo y, si quisieras amar y otorgar el perdón, en primer lugar a nosotros mismos y, posteriormente a todo lo que en tu entorno ha servido para imponer la discordia en tu estructura atómica; si quisieras amar y perdonar todo lo anterior, simplemente olvidando todo y después dar tu Amor y tu Bendición a cada átomo de tu cuerpo, no solamente podrías curarte sino embellecer tu cuerpo y darle cierta semejanza con tu Cuerpo Mental Superior.

Tu pobre cuerpo ha sido duramente criticado. Rara vez es bendecido. Ahora cambiemos por completo este estado de cosas. Dí: "¡Bien detengamos esto! ¡Hoy es un nuevo día!" ¡La orden para este día es amar, dar las gracias y bendecir cada átomo de tu cuerpo por los servicios que te ha prestado, que te presta ahora y que te prestará en el futuro! Considera tu cuerpo como a tu amigo, tu colaborador, tu compañero en un sentido. Si posees este sentimiento de afecto y de bendición para este cuerpo, si le agradeces porque te permite cumplir el Plan Divino, ¡tu cuerpo estará también muy agradecido por la delicadeza de tus sentimientos! Después de todo, en cada célula de tu cuerpo reside la Vida, y la Vida tiene derecho a tu Bendición. El hecho de que una cierta acción vibratoria se haya impuesto sobre el cuerpo, privándole de su paz y de su armonía naturales, no es motivo para no detener esto ahora y comenzar a bendecir este cuerpo.

Te encuentras en las circunstancias del mundo físico, y sufres el contacto de la discordia del plano físico, porque durante siglos, has intervenido en la acción vibratoria del mundo exterior. Con tu propia energía vital, has creado esta discordia del mundo externo. ¡Eres en parte responsable de ello y, precisamente por esta razón, puedes utilizar la Autoridad que tienes sobre el plano físico, para liberar a toda la Tierra del abuso espantoso que se ha hecho de la Energía de la Vida! Si has podido usar adecuadamente tu Autoridad sobre tu Energía vital para provocar por medio de tu mente y de tu cuerpo físico, la discordia que reina en la actualidad, entonces es claro que puedes emplear esta misma Autoridad de tu Vida y ordenar de manera consciente que esta discordia sea reemplazada por las manifestaciones de Perfección que hoy pretendes tener. No cedas jamás tu Autoridad a nada en el Universo, pero confíala al Poder y a la Paz de tu propia Presencia YO SOY y al Coro de los Maestros Ascendidos.

El valor y el Poder del Silencio

En ciertos momentos, hay que hablar de forma positiva frente a seres y circunstancias del mundo exterior; mientras que en otras ocasiones, puedes sentirte también dinámicamente positivo, ¡pero utilizando el Poder del Silencio! El Silencio tiene un Poder que es muy desconcertante para las fuerzas destructivas, porque las descontrola. En presencia de quien guarda Silencio, los llamados adversarios se mantienen en la incertidumbre sobre lo que harás. Cuando invocas a la Llama Cósmica del Corazón del Silencio Cósmico o a la Llama Cósmica de Poder y de Silencio del Gran Velador Silencioso, el Silencio y la Presión de esta Energía pueden llenar un local, con tal concentración, que un cuerpo físico se encontrará inmóvil durante todo el tiempo que sea mantenido este Poder.

¿Qué ocurre con la acción vibratoria de las fuerzas siniestras cuando, repentinamente, el Velador Silencioso establece esta Presión y todas las tasas vibratorias quedan bloqueadas por dicho Silencio, hasta que la Llama Cósmica de Amor Cósmico te penetra y establece su Autoridad?

Creo que tú no has Llamado bastante al Velador Silencioso. ¡Su Radiación exhala una Paz formidable! El Bien Amado Saint Germain y Godfré han dicho con frecuencia: "La toda-Potestad Divina está en el Silencio". El Velador Silencioso dispone de un Poder que sobrepasa los límites de tu entendimiento y, Llamando a Su Llama Cósmica de Amor Cósmico y de Silencio, todas las tasas vibratorias de tu cuerpo serán obligadas a obedecer. ¡Deseo hacerles sentir esta Armonía, esta Maestría y este Poder!

Al vivir con el sentimiento de la Presencia del Velador Silencioso; comprendiendo que tienes la Autoridad y la Capacidad para Llamar a esta Potestad de la Llama Cósmica del Silencio Cósmico, en ti y a tu alrededor; imponiendo silencio a todo lo que no es Luz, puedes llegar a condensar esta sustancia y este sentimiento en la atmósfera que te rodea hasta el grado de que las personas del mundo externo serán incapaces de proferir en tu Presencia una sola palabra destructiva. Creo que esto representaría un aislante admirable para ti. ¡Cuando hayas llegado a ello, comenzarás a tener una idea de lo que es el Poder! Antes de ser capaz de manipular el Poder Cósmico, debes establecer este Silencio en ti, a tu alrededor y alrededor de toda tu Corriente de Vida, porque puedes ser llamado para confrontar fuerzas terriblemente destructivas. Esta Autoridad del Velador Silencioso, impondrá silencio a las creaciones viciosas alrededor de los hombres, antes de que te aproximes.

Darás un gran servicio a la humanidad, haciendo sentir que nosotros poseemos la Autoridad sobre todo lo que es humano y que podemos reducir al Silencio lo que generaría la discordia, antes de que sea expresada. Al vivir en la Llama y la Presencia Luminosa del Velador Silencioso, puedes hacer fracasar las órdenes destructivas que provienen de distintas fuentes del mundo externo. Me gustaría verte emplear este Poder del Silencio para forzar a los seres, a hablar con armonía o a callarse. Esto encontraría una aplicación muy apropiada en un tribunal, donde se trata tanta discordia. ¡Es preferible para ti detener la tasa vibratoria de las creaciones viciosas alrededor de ciertas personas: es mejor reducirlos a la impotencia, que quedar a su merced!

Mi Bien-Amado: es ridículo para los que poseen el Conocimiento de esta Ley, dejarse turbar constantemente por la discordia de los demás y creer que deben sufrir esto y que no pueden librarse de ello. ¡Tú puedes!

Es uno de los motivos por los que llamo tu atención sobre la Llama de la Mano del Velador Silencioso. Cuando éste levanta la Mano, no pronuncia ninguna palabra, la Llama surge y el Silencio reina ¡Supremo!

Puedes también hacer algo que proporciona una gran ayuda en los asuntos del país. Pide al Velador Silencioso que se apodere de todas las emisiones radiofónicas y de la prensa, e imponga Silencio a todas las tasas vibratorias que no difundan la Pureza, la Bendición, la Paz y la Perfección de la Llama Cósmica de Amor Cósmico.

La Autoridad del Velador Silencioso es mucho mayor de lo que puedes imaginar. Pide la colaboración del Poderoso Aries, del Poderoso Himalaya, del Dios del Aire y de todos los que gobiernan las corrientes del Aire, en la atmósfera. Si un grupo de seres no ascendidos, llamara al Velador Silencioso para que estableciera Su Autoridad y Su Poder Cósmicos en la atmósfera, por encima de tu nación, para reducir al Silencio todos los sonidos destructivos, Su Corazón saltaría de Gozo por la oportunidad que se le ofrecería para actuar.

Al realizar estas Llamadas a la Llama Cósmica de Amor y de Curación, no cedas nunca a la tentación de creer que no eres la Autoridad y el Dueño de estas circunstancias. Estableciendo en ti este sentimiento de Dominio, permaneciendo bueno y pleno de Amor para los que tienes que tratar, advertirás que tus Llamadas —siempre más intensas a la acción del Elemento Fuego— te procurarán más Dispensaciones del Gran Sol Central. Es decir, que se te brindará una ayuda cada vez más grande para la Vida en el mundo exterior. Hay que Llamar siempre, antes que nada, a la Presencia YO SOY, a continuación, al Velador Silencioso, para que imponga Silencio en todo la nación, a todo lo que provoca la destrucción y las limitaciones para el pueblo; a toda sugestión hipnótica dirigida sobre los habitantes. Hay que pedir que esto sea substituido por la plena Iluminación de nuestro Amor Cósmico. El Velador Silencioso tendrá también una ocasión de actuar sobre toda la nación y, por Su Autoridad, podrá disolver todo lo que en el Gobierno haya llegado a ser un obstáculo sobre la vida del país y de sus habitantes.

Puedes brindar a la humanidad una Asistencia Cósmica, si invocas la Autoridad de la Poderosa Presencia YO SOY de todas las Corrientes de Vida, si llamas a la Autoridad del Gran Director Divino y del Velador Silencioso, pidiéndoles que impongan Silencio a toda palabra destructiva que se pronuncie en cualquier tiempo en la Tierra.

El Poder del Silencio y la acción del "Velador Silencioso"

¿Sabes que la palabra "Alto" representa un fuerte choque inesperado para la energía destructiva? Cuando liberas el poder de la palabra "Silencio" con un sentimiento de Autoridad, detienes la expansión de las tasas vibratorias destructivas como si chocaran de pronto.

Podemos aplicar lo que procede en el dominio de la curación.

Mi Bien-Amado: tenemos que emplear la palabra "Alto", cuando queremos liberar a un individuo de las condiciones destructivas que le envuelven o cuando sea necesario desvanecer creaciones malignas. Cuando das una orden, teniendo conciencia de la Autoridad de la Poderosa Presencia que estimula una creación destructiva, misma que produce la angustia de una persona, puedes decir a esta cosa —porque es un objeto—: "En el nombre de la Poderosa Presencia YO SOY ¡Silencio! ¡Desaparece!".

¿Creerás que la creación humana de cualquiera queda inmovilizada cuando pronunciamos estas palabras?

¡Tú eres la Vida, lo mismo que nosotros. Si nos es posible, por la Autoridad de la Vida, pronunciar palabras e inundar la creación, entonces tú podrás decirlas igualmente. La Vida es la Vida y toda Vida posee el poder de desvanecer todas las descalificaciones humanas impuestas a ella misma. Hablo ahora en forma más dinámica, como nunca lo había hecho en la atmósfera de la Tierra. Esto con el propósito de hacer penetrar en tu cuerpo emocional el recuerdo de la Autoridad cósmica ¡que es tuya!

¡Puedes otorgar a cualquier cosa destructiva que adviertas la orden de detenerse y desaparecer! Te digo esto para estimularte y prepararte para ver que tus Decretos se realizan rápidamente. La intensificación de la Luz Cósmica en la atmósfera del planeta, va a causar la aceleración de toda manifestación y es indispensable establecer alrededor de ti una atmósfera de calma total, cuyo Poder impondrá Silencio a toda discordia humana en tu ámbito. La palabra de orden es:

"¡ALTO! ¡ALTO! ¡Silencio! ¡Desaparezcan!".

Mientras curaba a los enfermos, Jesús decía: "¡Salid de ahí!". Así se dirigía a la conciencia de esta creación que los poseía. Que ésta fuera una forma estimulada por el odio de la misma persona, que fuera una entidad desencarnada —esto no tiene importancia—; Jesús hablaba con la Autoridad de la Vida, y esta Autoridad es Suprema.

Al crear una fuerza-viva por tus Llamadas Cósmicas a la Misericordia Cósmica, para toda la humanidad, tendrás un Poder Secreto que forzará al Gran Sol Central a otorgar Dispensas especiales para que se lleven a cabo tus Decretos.

Los Maestros y su relación con el Sol Central

Tú has entrado en un nuevo ciclo. Estás al principio de la Edad de Oro, y al pedir que se conceda la Misericordia a toda Vida, das la nota fundamental de esta Edad. Es algo que los grandes Seres esperan, antes de ser capaces de producir ciertas manifestaciones exteriores.

Mi Bien-Amado: ¡No dejes de llamar al Perdón y a la Misericordia Cósmica, gobernados por la Llama Cósmica de Amor y Justicia Divina hacia toda Vida! Ordena Silencio y Aniquilación total a todo tipo de discordia. Seguidamente, expresa tu Gratitud Infinita por los Dones de la Vida y así podrás emplear nuestro Poder Cósmico total y nuestra Autoridad sobre la Octava física, antes de tu Ascensión. Es el medio más rápido para provocar tu Ascensión, la de tus compatriotas, la de las naciones y del mundo. Tus Llamadas a la Autoridad y al Poder del Velador Silencioso para el establecimiento de tu Control en la atmósfera de la Tierra, provocarán cambios rápidos y asombrosos.

Quiero contagiarte la confianza y la seguridad que tenemos nosotros cuando ordenamos a la discordia humana, porque es la única Vida que manda por ti como por nosotros.

Es cierto que nosotros tenemos una mayor concentración de Energía, puesto que hemos acumulado más Sustancia-Luz, más acciones del Fuego Sagrado en y alrededor de nuestros Cuerpos visibles. Es decir, nuestra fuerza viva de Energía es mayor que la tuya, pero la Autoridad, las cualidades y la Acción de la Vida son exactamente iguales en nosotros y en ti; son innatas en ti porque tu Vida es tu Luz y la Luz contiene todas las posibilidades de Perfección.

¡La Llama Cósmica del Amor Cósmico perfecto, contiene la posibilidad de Perfección Universal!

Cuando tú dices: "YO SOY La Llama Cósmica de Paz y yo doy mi Paz a toda vida"; entonces, a través de cada onda, esta Paz se difunde dentro de ti.

En lo relativo a la práctica de las inyecciones, que hacen penetrar sustancias destructivas en la corriente sanguínea de los seres humanos, Saint Germain ha expresado: "Has empleado la Vida para introducir físicamente estas sustancias, entonces te corresponde utilizar tu Vida para eliminarlas físicamente. Tu Vida es tan poderosa como la suya. Por lo tanto, no existe motivo para inquietarse por este tipo de prácticas".

¡Te repito! Si por utilizar la Energía Vital, has abierto la puerta y dejado entrar en tu cuerpo una creación que genera angustia, entonces, usando tu propia Energía Vital, puedes invocar al Poder que puede cambiar las cosas.

La acción vibratoria del decreto

Cuando algunos de los Maestros Ascendidos se han dirigido al Gran Sol Central para solicitar una Asistencia mayor, que permitiera en su momento, tratar los problemas mundiales, estas peticiones fueron tomadas en cuenta y por lo general, como consecuencia se conceden "dispensas". Pero por el contrario, cuando un grupo de seres no ascendidos obligan a sus Llamadas a penetrar en el Corazón Central de este sistema de mundos y, Llaman directamente al Gran Sol Central pidiéndole Misericordia para toda Vida, aquí en la Tierra, entonces violentan al Cielo y logran dispensas que ni nosotros habíamos imaginado.

Te comento lo anterior para estimularte a no cesar jamás de realizar estas Llamadas. Durante siglos, nosotros hemos esperado que los grandes Seres del Gran Sol Central concedieran algunas dispensas y te aseguro que sus invocaciones a la Misericordia Cósmica pueden atraer Actividades que son totalmente desconocidas en la Tierra.

La nota fundamental de la Nueva Era

Querido hijo: jamás sientas el más mínimo temor; no aceptes ningún sentimiento de impotencia o desesperación, ya que sabes que por encima de ti se encuentra esta Gloriosa Presencia YO SOY y que los Maestros Ascendidos esperan y están listos para responder a la menor Llamada. ¿Quieres saber cómo nos llegan tus Llamadas? En el instante en que pronuncias, piensas o sientes algo que nos concierne, somos conscientes de ello en nuestra Octava en un Relámpago de Luz. ¿Por qué? Porque nuestros nombres son nuestra Vida. Es imposible pronunciar o escribir nuestros nombres, sin que seamos de inmediato conscientes de ello en nuestra Octava, porque un Relámpago de Luz nos llega cuando se toca o se menciona lo que constituye el recipiente o la "Copa de Luz" que te sirve para identificarnos.

Nuestra Vida no es otra cosa sino Luz. Cuando trazas los nombres de nuestra Vida en la Luz, los vemos muy claramente. Los hombres siguen ignorando qué tan poderosos son los apelativos de los Maestros Ascendidos. Por eso Jesús te dijo: "Pide al Padre aquello de lo que tengas necesidad en mi Nombre, y Él te lo concederá".

En algún pasaje famoso, la Biblia dice: "En lo que atañe a mis Obras, ordénenme". Esto no quiere decir que das órdenes y que los Seres de las Octavas Superiores tengan obligatoriamente que obedecerte. Por supuesto que no. Pero cuando el hombre y la Autoridad del Verbo creador universal YO SOY ordenan que se produzca una manifestación conforme al Plan Divino, entonces la Presencia y los Maestros Ascendidos se precipitan para ayudarte. Supongamos que mandan que la Perfección del Plan Divino, relativa a tu Salud, se manifieste en tu cuerpo, entonces en tu Presencia YO SOY los Maestros Ascendidos concentrarán de inmediato lo que se requiere para producir esta manifestación, con la condición de que guardes una Armonía ininterrumpida y que tus Llamadas y tu atención se fijen sólo en nosotros.

Mi Bien-Amado: cuando ordenas el cumplimiento del Plan Divino por la Llama Cósmica de Amor Cósmico, por la Llama Cósmica del Silencio Cósmico, debe producirse la manifestación. ¡Es la Ley de la Actividad de Vida! Nada sobre esta Tierra puede interferir con tus Órdenes si las mantienes; tus Decretos concordarán con la Perfección Universal, con todo lo que representa la Autoridad de la Vida! ¿Por qué habría la Vida de cumplir tu Propio Plan de manifestación?

La Autoridad del Verbo Creador Universal "YO SOY"

"Pide al Padre en mi nombre".

Quiero darte un ejemplo para que puedas sentir este Amor Cósmico con el que debes rodear tu cuerpo. Me gustaría verte amar y bendecir estos cuerpos, como si fueran tus hijos a los que amas tiernamente. Tomarías a estos pequeños en los brazos, abrazándolos y acariciándolos y ellos quedarían colmados de Felicidad por este Amor. Si quieres hacer lo mismo con tu cuerpo, rodeándote de Amor y Gratitud, volcando en ellos la Sustancia de nuestro Amor Cósmico, por haberles rendido tantos servicios, estos cuerpos serían purificados y curados.

Cuando tus pulmones inspiran los Puntos de Luz de la atmósfera, tu Radiación entra en tu cuerpo; cuando aceptas el Rayo de Luz de tu Presencia YO SOY, la Luz y la Perfección penetran en la estructura de tu cuerpo.

La Sustancia que viene de la Presencia es totalmente pura y perfecta; por lo tanto, debes darle tu Amor y tus Bendiciones. Ella te brinda toda su Perfección para usarla según tus deseos. ¿Por qué no amarla? Es un tesoro que se te ha confiado. ¡Tu cuerpo es el Templo del más Alto Dios vivo! ¡La Llama Espontánea está enraizada en tu Corazón! Si aprendes a amar y a bendecir dicha Sustancia, nunca nada perturbará tu alma ni, tu cuerpo o tus asuntos. Jamás dejes de calificar toda Sustancia por la Llama de Amor Cósmico, de Pureza Cósmica, de Paz Cósmica, de Salud Cósmica, de Silencio Cósmico, de Perfección o de todas las cosas constructivas que deseas.

La Acción del Amor Cósmico en el Cuerpo

Llamamos sin descanso tu atención sobre la Acción Cósmica del Fuego Sagrado y sus diferentes Llamas, su actividad y su Cualidad, mismas que deben ser concentradas en la Octava Física porque deseamos establecer Nuestra atmósfera de Curación a tu alrededor. Se trata únicamente de continuar tus Llamadas y automáticamente se producirán las manifestaciones. En respuesta a nuestras Llamadas, la Vida nos ha dotado del Poder de Curación, del Corazón Central de este Sistema de mundos, y hemos hecho surgir, en ondas ininterrumpidas, la Llama de Curación y nuestra Fuerza-Viva ha llegado a ser tan grande que podemos ejecutar instantáneamente cualquier Llamada que provenga de la Tierra.

He ahí lo que nosotros hemos hecho y lo que también puedes hacer tú. ¡Hubo un tiempo en que nosotros tampoco estábamos Ascendidos! Quiero que admitas que eres capaz de hacer lo necesario para producir Perfección aquí y ahora. ¡No tienes que esperar, porque nosotros estamos listos para ayudarte!

¿Has pensado ya en bendecir tu cuerpo con las Llamas Cósmicas de Pureza y de Libertad?

La Llama Cósmica de Libertad es el Don que Saint Germain te ofrece. Él tendrá así la oportunidad de concentrar alrededor de ti tal Actividad de la Llama Violeta tanto como te sea necesaria en determinado momento: sea la Llama Rosa, la Llama Oro, o toda otra Llama del Color que requieras. Mi Bien-Amado: Saint Germain jamás te ha negado nada ni lo hará nunca. ¡Cómo me gustaría que cada estudiante llegara a ser la expansión extraordinaria de Su Poder de la Llama de Curación!

Si tienes la intención de visualizar la Llama de Pureza y de Amor Cósmico, pasando por tus manos cuando realizas un trabajo, puedes curar, purificar, proteger y bendecir —para que se cumpla el Plan Divino— ¡todo lo que toquen tus manos por todas partes!

Se consciente de que tus manos son un Don de Amor de tu Presencia YO SOY. Bendice tus manos y acepta que sean el instrumento que hace penetrar el Amor y la Pureza Cósmicas en todo lo que tocas y que, por esta razón, se encontrará mejor; dicha mejora puede devenir de manera permanente, si eres sincero y fiel a la Luz.

El Poder de curación y otras actividades divinas

Existen numerosas formas de usar las Llamas Cósmicas cargadas del Poder de Curación, pero es indispensable que primero seas purificado.

Conoces la expresión: "El Gran Aliento del Amor del Todopoderoso". ¡Pues bien!, al repetir tres veces: "YO SOY el Gran Aliento de Amor Cósmico del Todopoderoso, el Gran Aliento de Fuego, el Fuego Sagrado de la Llama de Curación Divina; YO SOY la llama de Curación de Dios; la Llama Cósmica de Curación para toda Vida". Puedes alcanzar toda la intensidad del poder de Curación Divina que deseas. Sin embargo, hay que aclarar que necesitas una atención concentrada, una Pureza Cósmica, una Armonía ininterrumpida y Llamadas repetidas dinámicamente. Terminarás por estar tan concentrado por la puesta en Acción de las diferentes Actividades del Fuego Sagrado, que tu vibración será elevada paulatinamente e igualará a la de estas Llamas; serás como un Pilar de su Poder en la Octava física, incluso antes de tu Ascensión.

Nuestro Poder de Curación puede expandirse a través de tus casas, de tus Santuarios ¡y de estos Templos de la Música YO SOY, que tienen que manifestarse por todas partes para bendecir toda Vida! ¡Nada humano se te podrá oponer, desde el momento en que nuestra Fuerza-Viva surja! Y no tienes por qué ocuparte de nada, sino de difundir nuestra Bendición y nuestra Misericordia a toda Vida. Si invocas con esta frase, al Gran Sol Central y a sus

Seres Cósmicos: "¡Oh, Señor, Misericordia para la humanidad y que la Llama Cósmica de tu Pureza y de tu Amor cubra toda Vida". ¡Entonces la perfección está en Acción y debe manifestarse y reinar soberanamente!

Piensa, Mi Bien-Amado, en las innumerables curaciones que se han realizado en todos los Santuarios que se me han dedicado en todo el planeta. Y sin embargo, Yo no Soy sino Una sola Corriente de Vida individualizada.

Cientos de miles de seres Me invocan frecuentemente y, a cada Llamada que me llega, respondo de forma instantánea a través de un Relámpago de Luz, que llega a los seres por la corriente de retroceso de su Llamada, porque sé que YO SOY este Amor que no conoce límites. De esta forma, tu Llama Cósmica puede producir la curación por todas partes.

El Bien Amado Saint Germain, te ha otorgado la siguiente Afirmación: "YO SOY. Yo Estoy aquí, Yo Estoy allá, YO SOY Dios en Acción por todas partes". No importa qué tipo de ser vivo invoque la Asistencia, esto basta para recibir nuestra Llama de Pureza y de Amor Cósmicos que le enviamos por la corriente de retroceso y, si su atención se fija el suficiente tiempo en nosotros, obtendrá su curación de manera casi instantánea y para siempre.

Por desgracia, la atención se dispersa rápidamente de nosotros y se fija en el cuerpo o sobre las limitaciones del ambiente. La puerta se cierra, por lo que impide que la Perfección haga su anclaje permanente en el individuo. Quiero adoptarte como Mi Hijo de Pureza, de Amor y de Misericordia. ¡Sea esto para todos los seres y toda Vida!

Se, primero misericordioso, para la estructura atómica de tu propio físico. Se igualmente misericordioso, para la Vida en nuestra atmósfera y tu ámbito, bendiciendo todo; Llamando siempre a la Perfección. La Gran Llama de Curación Cósmica puede servirse de ti para Asistir a todos los que lo necesiten. Me gustaría ayudarte a producir fenómenos de curación, porque esto clasificaría a los Estudiantes de Saint Germain como instrumentos que producen Perfección para todos, de manera instantánea y permanente. ¡Esto me permitiría dar al Bien Amado Saint Germain una prueba de mi Amor!

Él me protegió en aquellos años cuando la lucha fue tan intensa y nadie podrá comprender cabalmente, cuáles eran mis sentimientos con respecto a Él. Una de las mayores alegrías de mi Vida sería la de que, cada uno de los estudiantes, que representan la Libertad de Saint Germain para la Tierra, llegue a ser un poderoso Foco del Poder de Curación infalible, produciendo siempre la Perfección a cada Llamada. A partir de ese momento, la humanidad empezará a reconocer lo que se debe a Saint Germain.

La Actividad Armónica

Puedes descender al fondo de un infierno de creación humana, pero necesitas un aislamiento que la Llama de Protección Cósmica del Velador Silencioso te dará. Para responder a tus Llamadas, liberará Éste toda la intensidad del Poder Cósmico que se requiere para imponer Silencio a todo el vicio y la destrucción, porque quedarás aislado tras un muro de acero en el que todo se romperá.

Periódicamente, los humanos necesitan un choque que los despierte del letargo de sus propios errores. Se debe considerar a los que parecen actuar mal y causan sufrimiento en los demás, como víctimas de sus propias creaciones anteriores. En vez de considerarlos como monstruos de iniquidad, reconoce simplemente que son desgraciados, que continúan atados a su pasado. De esta forma, tus sentimientos, cargados de piedad, tendrán más fuerza para otorgar los Decretos que deben aniquilar todas estas creaciones destructivas.

En esta hora fundamental para la Tierra, estamos todos nosotros listos a ayudar con pleno Poder para permitir al Bien Amado Saint Germain obtener su Victoria, su Libertad y su Perfección Cósmica a toda Vida.

La Invocación a la Llama de la Curación Cósmica

Ordena la Libertad y Victoria de Saint Germain.

Invoca siempre a tu Poderosa Presencia YO SOY primero y, después, invoca a esta Llama Cósmica de Curación, de la que poseo una gran Fuerza-Viva. Yo te apoyaré, porque me gustaría darle un ejemplo al mundo de que eres la prueba viva de que Saint Germain es la Libertad, la Misericordia y el Amor Divinos, que responden a todos los que invocan la Luz.

Puesto que eres estudiante de Saint Germain, deberías producir manifestaciones y milagros, tan numerosos y con tal rapidez, que el Cuerpo Médico no tuviera más remedio que observarlos y tomarlos en cuenta. Que conozca la Verdad y que quede reducido al Silencio e incapaz de criticar esta Enseñanza. Ya es tiempo de que todo el que se opone a la expansión de esta Luz, sea echado de la Tierra. La purificación del Cuerpo Médico ha empezado. Todo lo que es positivo será siempre bendecido, protegido y difundido, ¡pero el vicio horrible que reina en esta profesión, debe terminar! La purificación de la corriente sanguínea de las razas humanas, debe substituir la terrible contaminación que ha sido impuesta y aún se impone a la Vida.

Por lo tanto, es necesario empezar a invocar al Velador Silencioso; después, Llama a mi Pureza y mi Poder de Curación Cósmicas; a continuación ordena que la Libertad y la Victoria de la Luz de Saint Germain, envuelva a todos los que piden Ayuda ¡y veremos nosotros si, de ahora en lo sucesivo, el mundo externo no respeta lo que lleva el nombre de Saint Germain!

La Paz y el Poder de Curación

Mi Bien-Amado: vive en la contemplación de lo que te he dicho. Siente nuestro Amor y la Paz y el Poder de Curación; que es nuestra Vida, la que desea bendecir tu Vida; nuestra Vida quiere colaborar en la expansión de los Poderes inherentes a la tuya y nuestra vida jamás cesará de amar la Vida, hasta el día que triunfe la Perfección y el establecimiento de Su incontestable Supremacía.

Te entrego la expresión del Amor de Jesús y de todos los que están directamente a cargo de las Actividades de Curación.

En los próximos meses intensificaremos el Inmenso Poder de Curación Milagrosa de nuestro Amor, en especial, en todos los que nos invocan. Piensa un poco en nosotros diariamente y crea una Fuerza-Viva, a fin de que hacia las siete semanas Sagradas, estés listo a ser revestido de la Gloria y del Poder Cósmicos de Curación instantánea hacia todos los que piden tu Asistencia.

Pide asimismo, la expulsión de toda forma negativa en tu país. ¡El Velador Silencioso te escucha! ¡Te envuelvo en la Llama Cósmica de Curación que, YO SOY! Quiero intensificar los Poderes de tus Corrientes de Vida con el objeto de que, junto a nosotros, puedas liberar toda Vida de toda creación humana destructiva.

El Canto a la Libertad

¡Que todos los seres aprendan a conocer la Realidad de su Poderosa Presencia YO SOY, el Amor, la Libertad y la Victoria de nuestro Amado Saint Germain!

Todo el Amor eterno no será suficiente para agradecerle todo lo que ha hecho por mí, y te ruego que hagas todo lo que puedas para aniquilar todos los conceptos humanos al respecto y que su Nombre sea sinónimo de Libertad, para todo fragmento de vida en la Tierra.

¡Que toda oposición a la Luz del YO SOY y de los que la difunden sea destruida!

Ve hacia adelante. Vive Milagros y que, bien de rodillas, los seres humanos se postren ante esta Poderosa Presencia YO SOY, Que es la Liberación de toda Vida.

Que tus Llamadas para el Perdón y la Misericordia Universal, sean escuchadas.

¡Que mis Ángeles de Curación te acompañen y te guarden, que te ayuden a hacer reinar la Paz y la Libertad en el mundo!

¡Hasta pronto, Yo te amo, te doy las gracias y te bendigo!

MARÍA

LECCIÓN 8

ENSEÑANZAS SOBRE CURACIÓN DE LA BIEN AMADA MARÍA

(Extracto)

Extracto del primer discurso de la Bien Amada María sobre la curación.

Como respuesta a nuestras Llamadas, la Vida nos ha concedido el Poder de Curación. Hemos hecho surgir del Corazón Central de este Sistema de Mundos, en ondas ininterrumpidas, la Llama de Curación y nuestra Fuerza Viva ha llegado a crecer tanto, que podemos de inmediato, realizar toda Llamada que provenga de la Tierra.

He aquí lo que nosotros hemos hecho y lo que igualmente puedes hacer tú. ¡Hubo una época en que nosotros, como tú ahora, no estábamos Ascendidos! Quiero que admitas que eres capaz de hacer lo necesario para producir

Perfección aquí y ahora. ¡No tienes que esperar porque nosotros estamos listos para ayudarte!

Si deseas visualizar la Llama de Pureza y de Amor Cósmicos, pasando por tus manos cuando realizas un trabajo, puedes curar, purificar, proteger y bendecir —para que se cumpla el Plan Divino— ¡todo lo que tus manos toquen, en todas partes!

Sé consciente de que tus manos son un Don de Amor de tu Presencia YO SOY. Bendice tus manos y acepta que sean el instrumento que hace penetrar el Amor y la Pureza Cósmicas en todo lo que tocas y que por tal razón, mejorará. Dicha mejora puede devenir permanente si eres sincero y fiel a la luz.

Hay muchas formas de utilizar las Llamas Cósmicas cargadas del Poder de Curación, pero es necesario que primero estés purificado.

Tú conoces la expresión: "El Gran Aliento de Amor del Todopoderoso". ¡Pues bien! Si repites tres veces: "YO SOY el Gran Aliento de Amor Cósmico del Todopoderoso, el Gran Aliento de Fuego, el Fuego Sagrado de la Llama de Curación Divina, YO SOY la Llama de Curación de Dios; la Llama Cósmica de Curación para toda Vida", puedes obtener toda la intensidad del Poder de Curación Divina que deseas; pero se requiere una atención concentrada, una Pureza Cósmica, una Armonía ininterrumpida y Llamadas repetidas en forma dinámica. Terminarás por estar de tal modo concentrado por la puesta en Acción de las diferentes Actividades del Fuego Sagrado, que tu vibración será paulatinamente elevada e igualará a la de estas

Llamas; tú serás como un Pilar de su Poder en la Octava física, incluso antes de la Ascensión.

¡Nada humano podrá oponerse a ti desde el momento en que nuestra Fuerza-Viva aparezca! Y no tienes por qué ocuparte de nada, sino de difundir nuestra Bendición y nuestra Misericordia a toda Vida. Si invocas con la siguiente frase, al Gran Sol Central y a sus Seres Cósmicos: "Oh, Señor, Misericordia para toda la humanidad y que la Llama Cósmica de tu Pureza y de tu Amor, cubra toda Vida!". ¡Entonces, la Perfección se encuentra en Acción y debe manifestarse y reinar soberanamente!

Por desgracia, la atención se aparta muy rápido de nosotros y se fija en el cuerpo o sobre las limitaciones del ambiente, la puerta se cierra e impide que la Perfección haga su anclaje permanente en el individuo. Deseo adoptarte como mi Hijo de Pureza, de Amor y de Misericordia. ¡Sea esto para todos los Seres y toda Vida! Se primero Misericordioso para la estructura atómica de tu propio cuerpo. Se igualmente Misericordioso para la Vida en tu atmósfera y tu entorno, bendiciendo todo; invocando siempre a la Perfección. La Gran Llama de Curación Cósmica se sirve de ti para que asistas a todos los que lo solicitan.

Puedes bajar al fondo de un infierno de creación humana, pero necesitarás un aislamiento que la Llama de Protección Cósmica del Velador Silencioso te brindará, como respuesta a tus Llamadas. Él Liberará toda la intensidad del Poder Cósmico que se requiere para imponer Silencio a todo lo que es vicio y destrucción, porque quedarás aislado tras un muro de acero en el que todo se romperá.

Llama siempre a tu Poderosa Presencia YO SOY primero, y después, invoca a esta Llama Cósmica de Curación, de la que poseo una gran Fuerza-Viva. Yo te apoyaré, porque me gustaría ponerte como ejemplo vivo de que Saint Germain es la Libertad, la Misericordia y el Amor divinos que responden a todos los que invocan a la Luz.

Dado que eres estudiante de Saint Germain, debes producir manifestaciones y milagros tan numerosos y con tanta rapidez, que el Cuerpo Médico no tenga más remedio que observarlos y tenerlos en cuenta. Que sepa la Verdad y que quede reducido al Silencio y que sea incapaz de criticar esta Enseñanza.

PROCESO DE CURACIÓN

(Resumen)

1. **Primero, invoca siempre a tu Poderosa Presencia YO SOY.**

2. **Invoca al Velador Silencioso, pidiendo que la Llama de Protección Cósmica del Velador Silencioso te aísle.**

3. **Invoca a la Pureza y al Poder de Curación Cósmicos de María, a Su Llama Cósmica de Curación.**

4. **Ordena que la Libertad y la Victoria de la Luz de Saint Germain cubran a todos los que piden ayuda.**

5. **Ahora repite: "YO SOY, YO SOY, YO SOY el Gran Aliento de Amor Cósmico del Todopoderoso, el Gran Aliento de Fuego, el Fuego Sagrado de la Llama de Curación Divina: YO SOY la Llama de Curación de Dios; la Llama Cósmica de Curación para toda Vida".**

6. **Invoca al Gran Sol Central y a sus Seres Cósmicos y repite: "Oh, Señor, Misericordia para todos los seres humanos y que la Llama Cósmica de tu Pureza y de tu Amor cubra toda Vida.**

7. **Pide entonces a María y a los demás Maestros que hayas invocado, la curación que necesitas. Si lo haces imponiendo las manos, no olvides bendecirlas antes y visualizar la Llama de Pureza y Amor Cósmicos pasando por tus manos cuando realices el trabajo.**

Una vez terminado, da gracias a María, a los Maestros que invocaste y a los Ángeles de Curación ; y por último, a los Seres Cósmicos del Gran Sol Central.

LECCIÓN 9

SEGUNDO DISCURSO SOBRE LAS ENSEÑANZAS DE LA BIEN AMADA MARÍA

La forma de los Rayos de Luz

¡Bien-Amado Hijo de la Luz y de América!

¿Por qué no vendría Yo a hablar contigo? ¿Tan lejos me has relegado que no podría expresarte mi Amor? Sé que no has hecho esto y aprovecho la oportunidad de esta fiesta de mi Ascensión para hablarte, porque penetramos más en la actividad del mundo exterior, que requiere en gran medida de nuestra ayuda en la actualidad.

La situación es tan crítica como en la época de nuestro Ministerio, hace 2,000 años. No debería decir mi Ministerio con mi Hijo Bien Amado. Y, sin embargo, pienso aún en Él en estos términos...

Tú lo sabes. Nosotras, las Madres, somos seres curiosos, ¿no es verdad? Nunca olvidamos por completo nuestra maravillosa maternidad. ¡Es extraordinaria! ¡Pero, cuánto más maravilloso será el día en que la verdadera Maternidad y Paternidad de la Forma por la proyección directa de los Rayos de Luz, se restablezca en el planeta!

Mi Bien-Amado, mi amigo de aquellos tiempos: entramos ahora en la Edad de Perfección permanente, para la que todos hemos actuado tan seriamente durante siglos.

En reiteradas ocasiones, el oscurecimiento de la Luz en la humanidad nos ha hecho tener dudas sobre la Victoria. Es verdad. Incluso en el Estado Ascendido, dada la ausencia de Luz en la humanidad, nos hemos preguntado cuánto tiempo se necesitaría para despertar suficientemente a los seres, hasta el grado de poder otorgarles la ayuda que ahora reciben.

¿Se me permitirá en este día expresar aquello que desborda mi Corazón? Se trata de tu Bien Amado Saint Germain. ¿Qué hubiera sido de ti y de tantos otros si Él no hubiera tenido el valor y la determinación de hacer el presente ensayo y de realizar el esfuerzo para aportar nuevamente esta Instrucción a la humanidad? Te digo, mi preciado Hijo: nunca la humanidad podrá agradecerle lo suficiente. ¿Te dirá lo que yo hago en el Estado Ascendido? Si te resultara extraño, no creas que lo es. ¡Una vez al día, según tu medida del tiempo, expreso al Manantial Infinito de la Luz mi Alabanza, mi Bendición y mi Gratitud por la obra que Saint Germain realiza para la humanidad!

¡Un día, verás que todo esto es real y qué Bendición representa en la mano del hombre!

La Comprensión de la Presencia YO SOY

Este es un Cetro de Poder que todos pueden manejar para liberarse de las limitaciones y para cumplir la Ascensión.

Quiero dirigirme a ti como tu Madre. Tú sabes que una Madre, en ocasiones, tiene un mayor poder que el Padre para comunicar ciertos sentimientos a sus Hijos. Por lo tanto, sé como mi Hijo: permíteme hablarte de corazón a corazón. Mientras que la voz del Mensajero expresa mis palabras, nuestros corazones se hablan silenciosamente. No está lejos el tiempo en que conocerás esta Realidad mayor, porque comunicarás mediante el sentimiento, de corazón a corazón, tan claramente como hablas ahora con palabras.

Todos los Maestros Ascendidos, se comunican así por el sentimiento. En ocasiones, usamos la expresión verbal, pero esto no es siempre indispensable. Apenas se nos ocurre una idea, brota un color que revela el sentimiento: "La idea engendra la forma y el sentimiento engendra el color".

¡Esto es tan natural como respirar y muy cierto! No es posible equivocarse, como en ocasiones sucede con las palabras. Desde que aparecen, llegas a conocer el significado de cada color y de cada forma. La forma es la expresión de una idea totalmente definida. Lo mismo sucede en tu mundo de actividad, mi Bien-Amado. Esto se produce constantemente, invisible a la mayoría de la gente, pero perfectamente tangible. Como ya se te ha dicho, una cosa puede ser invisible y, sin embargo, tangible. Así sucede con las ideas y los sentimientos.

¡Piensa seguido en ello para que te ayude a tener más facilidad en el control de ti mismo! ¡En otras palabras, que puedan llegar a gobernar tus sentimientos con gran facilidad! Porque estás en el punto en que tu progreso los ha llevado a un nivel de expansión de la Luz que exige en ti una total Armonía.

La naturaleza de la Comprensión

Mi Bien-Amado: ¿Empiezas a observar qué natural es esta instrucción? Te examinas a ti mismo, te examinamos y, naturalmente, ¡lo hacemos siempre con un sentimiento perfectamente constructivo y tú llegarás igualmente a ello! ¡Tenemos mucha paciencia, porque vemos a la vez, la paciencia infinita de los Grandes Seres Cósmicos que gobiernan mundos, planetas y sistemas solares! Estos Seres, esperan siempre que se produzcan ciertas actividades en la Tierra, que le permitan a ésta, manifestar su completa Perfección. Entonces, ¿por qué habríamos de impacientarnos, si la humanidad en ocasiones permanece debajo del promedio que debería manifestar?

Es bueno tener el Conocimiento intelectual de algo, pero expresar dicho conocimiento en el sentimiento y vivirlo, es muy distinto, ¡menos fácil!, como habrás tenido tú la experiencia! Pero el enorme Gozo que tu grande y maravillosa Victoria te procura, compensa el trabajo que realizas. Como bien lo ha advertido el Gran Maestro Himalaya, tu Victoria sobrepasa lo que de ella puedes comprender. Sin embargo, esto no significa que puedas dejarte ir y cesar en tus esfuerzos, ¡Por supuesto que no!

La Divina Presencia

Importa poco qué trascendentales parecen un ser, una actividad o una manifestación, ¡después de todo, son naturales! ¡Son el resultado de una operación de la Ley de la Vida! Toda manifestación siempre está de acuerdo con una Ley de la Vida! Todas las condiciones limitantes en que se encuentra la humanidad, son el resultado de cualificaciones erróneas que han impuesto los individuos, por sus sentimientos, sobre la Energía vital. ¡La Energía, o la Ley de la Vida, no son responsables de ello! La humanidad posee el libre albedrío y pudo escoger de qué manera deseaba dirigir la Energía. Dicha Energía se expande sin cesar y pienso que, actualmente, la mayoría de los estudiantes empieza a ver por qué razón no tiene más de esta Energía y de su Perfección para su utilización.

Esto proviene únicamente de que ignoras que la Presencia se encuentra precisamente por encima de ti.

Ciertas enseñanzas metafísicas han mostrado que la Divinidad, el Cristo, está dentro de ti. ¡Esto es cierto! Pero ¿en qué medida? Nosotros por igual, sabíamos esto, pero incluso, con las realizaciones de nuestras vidas anteriores, no habíamos podido cumplir la Ascensión, sino gracias a la explicación de la Presencia YO SOY, tal como se te ha dado. Mi muy Querido: es muy curioso ver cómo la humanidad se apodera de una idea o de un ser y los deforma por una creación y conceptos de su mente inferior. Estas ideas por lo regular, son incorrectas. Sin embargo, en la medida en que los hombres son receptivos, reciben más o menos clara y completamente, comunicación de todo o parte de la Ley de la Vida.

Espero que pueda enraizar firmemente, la conciencia de que se te han otorgado todos los medios para hacerte feliz y por lo tanto, puedas sentirte en Armonía.

La descalificación humana y la atención a tu Divina Presencia

Hemos observado a la humanidad, incluidos nosotros, antes de haber obtenido nuestra Realización. La fuerza de la creación humana se ha mostrado constante durante siglos. ¡No ha habido cambio ni diferencia en las acciones y en las calificaciones inferiores a la Perfección! La acción de la Energía descalificada ha sido igual en la naturaleza y en la humanidad. Pero cuando se llega al instante en que se empieza a sentir la propia Dominación y Victoria sobre las fuerzas adversas, ¡qué transformación se opera en tu mundo de acción!

No obstante, sólo puede producirse este cambio manteniendo la concentración en el Único, supremo Manantial de la Vida.

Observa: nadie tiene el Poder permanente sin el Conocimiento de la Presencia Divina individualizada —la Poderosa Presencia YO SOY. Cada uno debe conocer dónde se encuentra el foco de su propia Perfección.

La experiencia de fracaso de muchos siglos, ha demostrado que nada permanente se puede lograr por la humanidad, mientras ignore la "Presencia YO SOY".

Los seres humanos han avanzado hasta cierto grado, pero después han retrocedido. Han logrado cierta altura, y luego han vuelto a caer. En cada incorporación, cada uno más o menos progresa, pero le falta la Comprensión necesaria para fijarlo y mantenerlo. Al finalizar cada incorporación, los individuos salen de su forma sin un deseo de Perfección suficientemente intenso, para que dicho deseo llegue a ser el motivo fundamental de la siguiente incorporación. Cada vez que un ser ha finalizado el curso de una Vida con este intenso deseo de Perfección, la siguiente vida ha aportado una gran iluminación de la mente.

En la actualidad, tú eres la prueba de lo que puede obtener el Poder de la atención fija en tu Manantial de Vida, que es Dios, tu Poderosa Presencia YO SOY.

En la época del Ministerio de mi Hijo, recibimos igualmente las mismas Instrucciones y Técnicas que se te han enseñado. Fue el Gran Director Divino el que se las enseñó a Jesús, y a su vez Él, se las explicó a Juan (el Bien Amado) y a Mí.

Esto fue lo que nos permitió hacer rápidamente nuestra Ascensión.

Te juro mi Bien-Amado, que cuando la Sabiduría de los Maestros Ascendidos tenga la oportunidad, una completa y perfecta descripción y explicación del Maestro Ascendido se dará en lo que atañe al Ministerio de Jesús. Todo lo que ha sido alterado por opiniones humanas será explicado con claridad, y lo que no ha sido aún develado, lo será totalmente.

¡De esta forma, tú conocerás toda la Actividad de nuestro Ministerio!

Los Maestros Ascendidos, tenemos la facultad de interpretar facilmente los registros de todas las civilizaciones. Son visibles en el éter por encima de cada localidad. ¡Pueden leerse con tanta facilidad, como si se tratara de un libro!

Esto nada tiene de extraordinario y, si al principio lo parece, es sólo porque la humanidad aún no ha comprendido. En resumen, no existe manifestación alguna o actividad de la Vida que sea extraordinaria. Mi Bien-Amado, te lo ruego, trata de considerar todo como natural.

Tú eres un Ser especial

¿Me consideras quizá como un ser especial? Cada persona es especial. ¿Por qué? Porque su propia Presencia Divina se dota con la Vida, la Energía, la Sustancia, que dan la existencia a su forma, aquí en la Tierra. Así, pues, ¿no es cierto que todo el mundo es un Ser especial? Todas las enseñanzas religiosas del mundo han oscurecido la Verdad por prejuicios humanos. Créeme, puesto que lo declaro al mundo entero: la religión católica ha sido instituida por los Maestros Ascendidos y mantenida por su propio Poder. Entre los fieles de esta Iglesia siempre ha existido un Maestro Ascendido que era el Guardián de su ortodoxia, y que la rectificaba cuando los errores humanos amenazaban desviarla.

La atención a la Poderosa Presencia YO SOY

Mi Bien-Amado, hoy se ha logrado el punto culminante para todas las actividades que tienen como fin atraer la atención hacia la Divinidad. Todas las religiones, todas las Iglesias, todas las vías metafísicas, todo en todas partes, ha concurrido a elevar, no importa en qué medida ni de qué modo, hacia la Comprensión de la Vida y hacia el reconocimiento de la Divinidad. Indistintamente, todo debe llevar a este Único Punto Central:

"!La Poderosa Presencia YO SOY!".

¡Nosotros lo vemos y sabemos que esto tiene que realizarse!

Si la Bien Amada humanidad pudiera comprender a la Poderosa Presencia YO SOY, si todos los predicadores quisieran adquirir este Conocimiento y se atrevieran a enseñarlo en todas las Iglesias, en todas partes; ¡con la rapidez del relámpago, la humanidad sería liberada de la discordia y de las limitaciones actuales, para al fin conocer el Gozo y la Felicidad inherentes a la Vida y al Plan Divino!

El que inicie el camino sin prestar la menor atención a las opiniones humanas, será cada día más intrépido y esta completa ausencia de consideración para el qué dirán humano, crea una radiación alrededor de quien posee esta cualidad, que facilita en gran medida la enseñanza de la Poderosa Presencia YO SOY.

El secreto de la Luz que ilumina sin imposición ni dudas

Antes de iniciar la expansión de esta enseñanza, asegúrate de no tener la mínima vibración de duda en lo que se refiere a esta Verdad, porque si no, es probable que tu interlocutor tenga la tentación de argumentar o interrogar inútilmente; mientras que una absoluta certidumbre en tu sentimiento relacionado a la comprensión de la Poderosa Presencia YO SOY, alejará, en general, toda duda y toda oposición.

Quien declara la Verdad, sin tratar de imponerla a los demás, ganará el oído y el corazón de su prójimo, porque todos desean y aprecian que se respete su Libertad. Haz Llamadas, envía la Bendición de tu Presencia y el Amor de tu Corriente de Vida a los seres de tu entorno. Invoca a tu Poderosa Presencia YO SOY a la acción, con el propósito de que te despierte y abra tu entendimiento a esta Verdad. Recuerda siempre, que la Actividad de la Presencia es instantánea. ¡Es "Ahora"! ¡No creas, no aceptes la sugestión de que tal vez en el futuro el hombre aceptará esta Verdad! Habla a tu Poderosa Presencia YO SOY y procura que se abra y acepte esta Instrucción, ahora: ¡porque va en ello tu Liberación! ¡Dale el Valor y la Fuerza de aceptar! Entonces, das el máximo de ayuda a tu prójimo, obteniendo el Valor, la Fuerza o lo que se necesite, para él, con la condición de que se acepte la posibilidad de su Liberación.

Todos deben ser libres. He aquí por qué ha dicho Saint Germain desde el comienzo de esta Actividad: toda organización similar a las obras y a las Iglesias, será nefasta para la actividad YO SOY, porque los seres deben ser libres y deben volverse hacia su Poderosa Presencia YO SOY.

Algún día, su Presencia los guiará infaliblemente, y los llevará a realizar lo que sea necesario —no es así como los humanos podrán decidirse y conducirse por sí mismos—, por su propia intuición espiritual.

La Divina Presencia y su aspecto Maternal y Paternal

Existen paralelamente los aspectos Maternal y Paternal de Dios, la Poderosa Presencia YO SOY. Son dos poderosos factores actuando siempre en el mundo humano y en las formas humanas. El Corazón representa a la Madre y el intelecto al Padre. El Cuerpo emocional se rige por los dos.

El Corazón dice al intelecto: "Si quieres permitirme que gobierne, reinarán la Paz, la Armonía y la Abundancia.

Pero si tú tomas el mando, sin tener más que el mundo de las apariencias a tu disposición para crear tus conceptos, vas a tener errores; mientras que el Corazón, siendo la Actividad de la Presencia, en su forma humana, ¡no errará!".

Protección de la Divina Presencia

¡Piensa a menudo en el privilegio de poseer la Carta o Gráfica, tal como está delante de ti! ¡en la Gracia de poder utilizar la Llama Violeta Consumidora, en la ventaja de poder formar este tubo de Luz que puede llegar a ser una protección invencible a tu alrededor! ¡Y permíteme decirte que esta protección es mucho más necesaria contra las sugestiones que contra las catástrofes. Si pides a tu Presencia que te mantenga en su tubo de Luz invencible, no aceptarás en tus sentimientos las sugestiones de los otros, incluso si son conscientemente proyectadas en tu contra. Este punto es de suma importancia. Nosotros vemos cómo los seres humanos sufren y realizan los impulsos que vienen de la fuerza negativa, más bien que seguir los deseos de su propio corazón.

Jamás escuchan la voz de su Poderosa Presencia YO SOY, porque los hábitos seculares los obligan a depender de las cosas exteriores. Tú, en cambio, mi Bien-Amado, gracias al Conocimiento de tu Presencia, puedes liberarte. ¡Es muy simple emplear las Llamadas y las Visualizaciones! Muchos estudiantes llegan a liberarse verdaderamente.

He aquí la Belleza, la Majestad y el Poder de esta Instrucción. ¿Puedes percibir nuestro Gozo?

La Atención, el Amor, la Sabiduría y el Poder

¡Recuerda que, guardando la atención en tu Presencia, el Amor, la Sabiduría y el Poder, en perfecto equilibrio, están en acción y conservan a la vez la forma, y la acción en la forma! Si permites a la Voz del Corazón que hable, al escuchar las intuiciones que vienen de tu Presencia al pasar por el Cuerpo emocional, llegarás rápidamente a una certidumbre en lo que atañe al origen de tus impulsos. En un principio, hay que llamar a la discriminación de tu Cuerpo Mental Superior. Puede ocurrir que, sólo después de haberse ejecutado el impulso, es cuando advertirás de dónde procedía. Pero invoca sin cesar a tu Presencia a la acción e incluso, si llegaras a cometer algún error, no te desanimes.

La Perfección

No alcanzarás la perfección, sino cuando estés completamente por encima de toda limitación humana, o sea, después de tu Ascensión.

Por lo tanto, ¡no te desalientes por un error ocasional, incluso después de la invocación a tu Presencia! Dí: "¡Perseverancia! ¡y Tú, Poderosa Presencia YO SOY, vigila y no permitas que empiece de nuevo!". ¡De este modo, llegarás rápidamente a evitar los errores!

El Poder y la Belleza de esta instrucción

La gran Belleza y Poder de esta Instrucción, se encuentran en el hecho de que ésta no requiere sino la recta intención y una enorme sinceridad por parte de los seres que la practican. Si se mantienen estas disposiciones, en un tiempo relativamente corto, una gran perfección y una gran claridad de la Inteligencia directora de la Poderosa Presencia YO SOY, llegarán a manifestarse y ayudarán a la humanidad a prevenir todos los errores.

No obstante, no hay que tratar de que se acepte esta Instrucción por la fuerza. Pero tú puedes ser una gran Bendición para los demás, bendiciendo a tu prójimo e invocando a la Poderosa Presencia YO SOY de éste a la acción.

Te brindamos Afirmaciones todopoderosas, que harán descender de tu Presencia todo lo necesario para gobernar tu actividad y darte todo lo que requieras para protegerte.

¿Puedo llamar tu atención sobre lo que sucede a veces? El estudiante se esfuerza realmente en aplicar la Instrucción; posteriormente entra en contacto con el mundo exterior, a través de una palabra o una sugestión, se distrae y se aleja en otro tren de pensamientos y sentimientos. De este modo, la corriente de energía se transforma por completo y todo lo que él había impulsado para una cierta realización, es anulado. Esta es la razón por la que algunos estudiantes no tienen resultados rápidos. Por el contrario; otros, obtienen resultados maravillosos y casi instantáneos. Es posible que no tengan una comprensión mayor que los otros, mas parece que han descubierto el secreto fundamental, es decir, mientras que los sentimientos se encuentran en perfecta Armonía y se llama constantemente a la Presencia, la respuesta a cada invocación se manifiesta rápidamente. Desde que descubren este secreto, ya no permiten a las sugestiones verbales u otras que les afecten. No vacilan, pero persisten en sus invocaciones con una firme determinación.

Quiero responder a una pregunta que he "leído" en el espíritu de muchos estudiantes. Nosotros empleamos diferentes expresiones, ciertos términos muy sencillos, y nuestras explicaciones no pueden ser mal entendidas. Nosotros decimos, todos los Maestros Ascendidos lo dicen: "Colócate frente a tu Poderosa Presencia YO SOY y permanece bajo su Poder". Se trata de hacer precisamente esto. Cuando te pones frente a tu Poderosa Presencia YO SOY, esto significa que prestas atención sin distraerte, a tu Presencia y que permaneces en el Poder de su irradiación. Cuando te pones "a la orden", esto significa que tu atención está fija en un objeto definido. Si deseas experimentar una manifestación, se requiere que concentres tu atención sobre este objetivo, y que tus Llamadas a la Presencia sean inflexibles. Excluyendo toda intrusión o interrupción en la Llamada, ésta será respondida de inmediato.

Cuando haces una llamada seria a tu Presencia, no dejes de pedirle que vigile sobre esta Llamada y que impida que algo perturbe tus sentimientos, hasta el momento de la Manifestación. La Presencia lo hará.

La Actividad de la Luz

¡Te encuentras aquí en presencia de Actividades extraordinarias! ¡Todo es tan simple! Los Grandes Seres han ordenado que este Conocimiento se exprese en términos sencillos y que nunca se cambien. Una terminología técnica y complicada no conviene a la expresión de la Actividad de la Presencia Divina, la Poderosa Presencia YO SOY. Por lo general, los términos técnicos se utilizan para ocultar la comprensión relativa al objeto de discusión. La gran Ley de la Vida no tiene necesidad de una terminología técnica compleja, de una jerga confusa, para explicarse.

Un ejemplo de ello es la jerga jurídica de los Tribunales de Justicia. ¡Si todo el mundo pudiera comprender lo que se dice ahí, no tardarían en tener Justicia Divina para todos! Pero esta Justicia Divina llega. Bien-Amado de Saint Germain: no te desanimes. Te he dicho que la Ley Cósmica permite actualmente a los Maestros Ascendidos radiar más Poder y Luz. Ya no están dispuestos a tolerar la imperfección humana!

La imperfección humana ha alcanzado su punto vulnerable, mi Bien-Amado. ¡Cada día pierde su intensidad!

¡Créeme! Acepta lo que te digo y, a cada apariencia inquietante, dí: "No tienes Poder!". Entonces esta apariencia ya no tiene más el poder de afectar a la humanidad. Gran cantidad de personas en los gobiernos y en las esferas caóticas de la acción humana, empiezan a oír la Voz de la Verdad! Como un estímulo para ti, puedo decirte que un gran despertar se opera en la humanidad. Comienza a darte cuenta un poco que, bajo las bellas apariencias, ¡se han introducido cosas eminentemente destructivas y que el pueblo ha sido escandalosamente engañado! ¡Oh, mi Bien-Amado, la humanidad se despierta a la gran Realidad de la Vida y no será fácil engañarla por segunda vez!

La Actividad del Cuerpo Mental Superior

Mi Bien-Amado, no olvides que tu Cuerpo Mental Superior es una de las magníficas Actividades, del género humano, porque es tu inteligencia selectiva y discriminatoria, la que conoce todo lo que es indispensable. Tu Presencia y tu Cuerpo Mental Superior, desean inundarte de todo el bien posible, pero si tus sentimientos descalifican toda la energía que invocas en acción, ¿se puede censurar a la Presencia o al Cuerpo Mental Superior? Si no quieres gobernar tu atención y si tus sentimientos siguen siendo discordantes y desnaturalizan la energía perfecta que invocas, ¡esta es una prueba de que persistes en tus viejos conceptos humanos y vuelves a caer en los viejos errores, en vez de producir los resultados que deseas!

Los portadores de la Luz

Habla con Respeto y Amor de tu País. Pon en relieve lo que hay de constructivo en la Iglesia, y los que aún no están listos para comprender esta Instrucción del YO SOY, en su profunda Realidad, seguirán en el terreno patriótico y religioso. ¡Estudiarán esta Ley y se servirán de ella para la protección de la Patria y de la Iglesia! ¡Mi Bien-Amado, eres infinitamente privilegiado por ser uno de los portadores de Luz de esta gran Perfección naciente! Actualmente no existe mayor Servicio en la Tierra. Pero te digo a ti y a todos los estudiantes del YO SOY, ¡asegúrate de comprender correctamente este conocimiento de la Poderosa Presencia YO SOY y la explicación de la Carta o Gráfica! Te digo a ti, a los Líderes y a todos los que expanden esta Luz: "Créeme, nada es tan importante como la comprensión de esta Ley".

Tú has recibido la descripción correcta de la Carta o Gráfica. Síguela y no hagas ningún cambio. ¡Esto te dará un fundamento inquebrantable sobre el que podrás construir una estructura perfecta y, con la Llama Violeta, tendrás el medio más poderoso para disolver y consumir las antiguas estructuras imperfectas!

En tus ciudades, se derrumban las casas pobres y se substituyen por edificios nuevos, bellos y cómodos. Lo mismo debe suceder en lo relativo a las estructuras de antiguas civilizaciones o creaciones humanas. Hay que abandonar lo viejo. Se debe disolver y consumir. A continuación, hay que reconstruir, con la Fuerza y la Comprensión de la Presencia, tal y como hacen los Maestros Ascendidos. He aquí el único medio de poseer la Perfección.

El deseo de la Belleza

¿Es posible que existan personas que piensen que el deseo de la perfección corporal, el deseo de la Belleza, debe reprimirse? ¿Que se trate de algo prohibido? ¡Sería cierto si fuera sólo vanidad! Pero la verdadera comprensión de la Vida nos muestra que, en la plenitud de tu expresión, toda forma manifestada representa la Belleza y la Perfección, ya sea en la Octava física, o bien en las Octavas superiores. La Vida es Belleza y Perfección. La Vida no posee ninguna imperfección. Sólo cuando los humanos cubren la Energía de la Vida con los velos de sus sentimientos discordantes, es el momento en que la Vida aparece bajo formas imperfectas, o en las que la Belleza está ausente. Por su Actividad natural, la Vida engendra la Felicidad, la Belleza y la Perfección en todas las formas de manifestación; basta no detener su desarrollo espontáneo y natural. Esto se produce en la medida que la humanidad no impone sobre la Energía de la Vida el velo de los sentimientos discordantes y limitados.

Hay que ser inquebrantables en la Alegría

¡Qué inmensa será la Alegría! ¡Nuestros Corazones se encuentran unidos y son como los gemelos del tuyo!

Cuando obtienes una Victoria, deseas con tal intensidad tu Libertad que nuestra Alegría es extrema. ¡Sé inquebrantable, porque eres Bendito! Conserva la Armonía a pesar de todas las apariencias y persiste en tus invocaciones a la Presencia. Es la Ley de la Vida. La Llamada es infalible. La respuesta debe venir con seguridad, pero si dudas, si piensas o dices: "me pregunto si soy capaz, me pregunto si esto o aquello sucederá", entonces divides tu poder y no tendrás sino resultados parciales. Asegúrate antes si el objeto de tu Llamada es realmente constructivo y, posteriormente, ¡ve hacia adelante sin vacilar y mantén firme tu Llamada! ¡Se infalible en esto! Las dificultades financieras de la mayoría no nos pasan inadvertidas; los seres se creen y muchas veces son incapaces de satisfacer sus necesidades porque han aceptado de manera inconsciente, en sus sentimientos la presión masiva de limitación y de angustia.

Como te han enseñado otros Maestros, por el Conocimiento de la Poderosa Presencia YO SOY, tú eres infalible. Poco importa lo que sucede en el mundo externo; todo esto no puede intervenir en lo que la Presencia desea hacer para cada estudiante. ¿Te parece raro oírme decir esto? ¡Pues no veo porqué! ¡Estamos en el dominio de las Leyes de la Vida! ¡No es egoísmo buscar la perfección, al igual que las propias condiciones de Vida!

Lo que a todos los seres humanos ha perdido, hasta el día en que Saint Germain explicó esto, ha sido la sensación de que era preciso sacrificar todo, ¡Esta creencia terrible ha tenido como resultado hacerte completamente impotente para el mínimo progreso!

¡Sólo mejorándonos, igual que tus propias condiciones de vida, es como adquieres el poder de acudir en ayuda de los demás!

¡Puedes prestar enormes servicios muchos años antes de tu Ascensión! ¡Los Poderes de tus Corrientes de Vida entrarán en acción y, en tu avanzada hacia la Perfección, puedes rendir el mayor Servicio nunca antes imaginado: llamar a la Presencia de otro a la Acción en él!

¡Esta es la Ley de la Vida! ¡Cada quien debe ponerse bajo su propia Presencia y, tarde o temprano, hacer descender Su completa Perfección en la manifestación exterior! ¡He aquí la Perfección del estado formal y la verdadera Ascensión!

El corazón nunca se equivoca

Desde el momento en que se inicia esta práctica, se debe tener presente que es indispensable ser fuerte y firme, con el fin de excluir todas las cosas discordantes que continuarían produciendo impresiones de limitación. Sobre todo, hay que ser firmes y no permitirse tener la mínima opinión negativa en todo lo relacionado a las personas, las cosas, los lugares o las circunstancias. Al contrario, hay que concentrar toda la atención en la Presencia y repetir la siguiente afirmación: "Poderosa Presencia YO SOY, nada me concierne salvo el perfeccionamiento de mi propia esfera de acción". Entonces, todo lo que se te acerque deseará estar en tu irradiación, cuya Belleza y Paz amorosas se sentirán.

En la sociedad tienes una gran responsabilidad hacia los otros; porque, en la medida en que ellos imponen la discordia sobre esta poderosa Energía enviada por tu Presencia, son responsables del efecto producido sobre los demás.

Cada estudiante YO SOY siempre debería recordar una sola cosa: "Yo me ocupo de los asuntos de mi Padre, los asuntos de mi Poderosa Presencia YO SOY". Teniendo fija la atención en esto, se olvida advertir los inconvenientes generados por los demás.

La situación era mucho peor, en la época en que Yo habité en la Tierra, para obtener la Victoria de la Ascensión. Al menos tú tienes el derecho, la libertad y el privilegio de pensar y de adorar a Dios siguiendo tu conveniencia. Conoces a tu Presencia y sabes que no existe nada en el Universo capaz de oponerse al Poder de ella, cuando es invocada para la acción. No existe impedimento para el que no acepta la idea. En ocasiones piensas que ciertas personas, lugares o circunstancias se oponen a ti. En realidad, no existe nada de esto. Nada ni nadie puede oponerse a la expansión de tu Luz o de tu progreso, excepto tú mismo. Lo que algunos sienten como una oposición, son sólo negociaciones entre el sentimiento y el intelecto. El sentimiento tiene la intuición del Corazón, pero el intelecto dice: "creo que te equivocas". Después viene una discusión al respecto. Pero muy pronto, tendrás la certeza de que el Corazón no se equivoca nunca.

Recuerda lo que ha dicho un Maestro: "Al principio de mi búsqueda de la Verdad, escuchaba una multitud de voces. De pronto, por encima de mí, oí esta Voz única y, en ese momento, todas las demás callaron. Esta Voz decía la Verdad".

Igual sucede con tu Presencia, cuando le das la ocasión de hacerse escuchar a través de tu Cuerpo Mental Superior. ¡Todas las voces exteriores, visibles o invisibles, guardan silencio ante la Presencia porque Ella es Soberana!

Mi Bien-Amado, siente esto ahora, con todo tu corazón.

Te agradezco por la oportunidad de haber podido comunicarme contigo. ¡Que la plenitud de la Luz de la Poderosa Presencia YO SOY, se extienda e ilumine la mente, que se libere en la plenitud de Su Perfección manifestada, ahora, en tu ámbito!

¡Te doy las gracias!

MARÍA

Bendición por Saint Germain

La Plenitud de la Presencia vierte sobre nosotros su Amor indispensable.

La Plenitud de la Presencia nos da todas las cosas deseables.

Saint Germain

LECCIÓN 10

ENSEÑANZAS DE LA AMADA DIOSA DE LA JUSTICIA

Actividades de la Justicia

Mi Bien-Amado: Te traigo el Amor y las Bendiciones de las Legiones de la Luz y de un Grupo de Grandes Maestros Ascendidos, quienes han brindado Su Amor con el propósito de ayudar a las Fuerzas Constructivas, a guardar el equilibrio y a establecer la Justicia Divina hacia toda Vida, como la futura Autoridad de este Planeta.

La Justicia Divina

¿No has pensado nunca en la Justicia Divina, como el Amor que parte de mi Corazón? Hoy quiero probarte toda mi Bondad, penetrándote con tanta Luz que, en lo sucesivo, siempre serás divinamente equitativo hacia toda Vida.

Justicia no es sinónimo de represalias, y éstas no significan o no establecen el equilibrio. Lo que en el mundo exterior se denomina justicia, no es sino la ley de "ojo por ojo y diente por diente"; pero esto no ha sido ni será nunca la Justicia Divina!

La Justicia Divina es una expansión de Luz; un mandato consciente que activa la acción del elemento Fuego en las situaciones discordantes, a fin de liberar la Energía de la discordia que le ha sido impuesta, permitiendo a esta Energía ser usada para el cumplimiento del Plan Divino que da derecho a la Perfección, a la Armonía, a la Libertad y a la Felicidad para toda Vida, en todas partes.

Las circunstancias discordantes

Cuando se tratan las circunstancias discordantes, antes de pensar en una solución, apártate del problema por unos instantes y visualízate en la Luz de tu Poderosa Presencia YO SOY, cuyos Rayos fulgurantes forman un escudo frente a ti. Da la espalda a ese conflicto, porque no es sino una sombra, una tasa vibratoria determinada en una cantidad de energía.

Invoca directamente a la poderosa Presencia YO SOY, dale tu Amor y, después, pídeme que te inunde de un Océano de la Llama Cósmica de la eterna e invencible Justicia Divina de mi Corazón, para que no seas injusto al tratar tu problema.

Mucha gente es muy honesta consigo misma y con sus amigos y evitan hacer daño a los otros; ¡se puede ser muy consciente en esta materia, ignorando completamente lo que sucede en el Cuerpo emocional!

La vibración elevada de la Justicia Divina

Mientras no comprendas lo que sucede en tus sentimientos, te será difícil realizar la Justicia Divina. Es por lo que nosotros nos esforzamos para transformar los sentimientos de la humanidad, porque en ellos se encuentra la presión energética que incita a los seres a actuar constructivamente, o a lo contrario.

Para gobernar tus sentimientos, es muy adecuado saber lo que sucede con ellos. Es necesario que tus sentimientos, que son tu propio cuerpo de deseo, conformen un gran depósito de Energía y, todo lo que no es Felicidad perfecta, Pureza y Perfección en la Vida, proyecta una sombra en la Energía de tu cuerpo de deseo. ¡Cuando esta Energía se encuentra purificada y armonizada, es luminosa! Es Luz, siempre y cuando sea liberada de toda tasa vibratoria inferior a la Pureza y al Gozo inherentes a la Vida.

Pienso poder ayudarte a detener toda explosión de sentimientos discordantes en ti y a tu alrededor, porque con frecuencia esta presión actúa simultáneamente desde el interior y desde el exterior.

Protección de las injusticias y errores futuros

Para ser protegido contra la injusticia y los errores futuros, debes apartarte de las sombras y penetrar muy profundamente en la Luz, a fin de que su resplandor a tu alrededor, impida que el problema te afecte. De este modo, es como llegarás a controlar tus sentimientos. En ocasiones, ordenar a tu atención intelectual que se aparte, es algo sumamente difícil; ¡pero tus sentimientos permanecen sometidos a la presión de una manera mucho más intensa de lo que imaginas!

Con el propósito de evitar esto, debes visualizarte de inmediato en la Luz, desde que comiences a sentir el menor enojo , refúgiate en la Poderosa Presencia YO SOY y pídele que baje una cortina de tu Luz entre tú y la presión de la energía discordante exterior. Si no haces esto, la presión masiva de toda la discordia externa de la humanidad, pesará sobre tus sentimientos perturbados, porque de manera individual no eres capaz de resistir dicha presión.

Los sentimientos y la Energía

La Energía de tus sentimientos, es la que debe tornarse luminosa y transparente a la vez. No has comprendido aún la fuerza acumulada en tus sentimientos. El agua se designa como el más poderoso de los cuatro elementos, porque, con el tiempo, una gota de agua cayendo siempre en el mismo lugar sobre la piedra más dura, terminará por gastar ésta por completo. Ahora bien, la Energía de tu cuerpo emocional, es en su mayoría agua que es una condensación extraordinaria de Energía.

La atención a la Divina Presencia

Por el conocimiento del YO SOY y el mantenimiento consciente de tu atención en la Presencia YO SOY, puedes aislarte conscientemente de cualquier problema y de toda discordia. Puedes bañarte en la Luz de tu Presencia y en la de los Maestros Ascendidos, porque esta Luz puede fluir a través de tu Cuerpo emocional, como el agua pura atraviesa una esponja. Es como un chorro de agua pura, vertida en un cubo de agua impura. Si sigues vaciando el agua pura, ésta terminará por renovar toda el agua del recipiente.

La forma de dar Justicia Divina

Si tú deseas dar Justicia Divina a la Vida, hay que empezar por tratar esta parte de la Vida en ti, que contiene más energía.

Es evidente que yo no puedo decirte que tus sentimientos posean más Energía que las Llamas de tu Corazón —me refiero a tu cuerpo sutil que tienes que purificar—, porque todos sus deseos y toda tu vitalidad, pasan por el cuerpo emocional y el cuerpo etérico antes de aflorar en tu piel.

La Armonía de los sentimientos

Llegarás a hacer luminosa la Energía de tu cuerpo de deseo, por la Llamada consciente a tu Poderosa Presencia YO SOY. Igualmente, para cargar la Llama Violeta y el Relámpago Azul Cósmico de Pureza Cósmica a través de ti, te será más fácil mantener la armonía en los sentimientos; y la Luz en ti rechazará las sombras a tu alrededor. En las antiguas Escrituras se te ha dicho: "Mantendrás tu Paz, y YO llevaré el combate por ti, porque YO tengo armas que desconoces".

Cuando los conflictos empiecen a perturbar tus sentimientos, apártate inmediatamente y refúgiate en tu Poderosa Presencia YO SOY diciendo: "permaneceré aquí en la Luz, hasta que se hayan desvanecido las sombras". Posteriormente expresa: "Poderosa Presencia YO SOY y Poderosa Diosa de la Justicia: ¡Colma el Océano con la Llama Eterna de Justicia Divina y el pleno Poder de la Llama de Amor de tu Corazón en este problema, para que sea reemplazado con la Luz!". Sólo la Luz es Justicia Divina. En la Luz se encuentra la Pureza. La Luz es la opulencia. La Luz es la Armonía. La Luz es la Música YO SOY de las Esferas ¡y sólo la Luz garantiza completa Justicia Divina!

Cuando tus sentimientos parezcan perturbados, deténte y pregúntate: "¿Esto es Justicia Divina hacia mi Bien Amada Presencia YO SOY y hacia la Vida en mi entorno? Tú eres el guardián de la Vida, y la Vida que te fue confiada en el principio era Luz resplandeciente. No existía sombra en ti ni a tu alrededor y nada en la Tierra proyectaba una sombra, porque toda sustancia era translúcida.

La Vida espera la redención de la Sustancia; por tu Pureza, tu bondad, hay que devolver a la Sustancia su luminosidad, decretando que será otorgada Justicia Divina a la Poderosa Presencia YO SOY y a los Maestros Ascendidos. El equilibrio se restablecerá porque no existe sino en la Luz.

El mundo exterior se encuentra desequilibrado, porque está cubierto de oscuridad y, al substituir todas las sombras por la Luz total, al fin vivirás en el Equilibrio, la Pureza y la Justicia Divina.

Te digo, y colmo tus sentimientos con la profunda convicción, de que es necesario que te apartes de inmediato de toda discusión y de circunstancias discordantes y que te refugies en los brazos de tu Presencia YO SOY; que sientas la Luz resplandeciente y el Amor que irradia de Su Corazón con un muro infranqueable a tu alrededor, porque, siendo los problemas sombras, no pueden penetrar en la Luz.

La Justa Luz de la Presencia YO SOY

¡La Luz de tu Presencia YO SOY es siempre divinamente justa! Por lo tanto, si esperas encontrar Justicia en el mundo exterior, debes empezar por verter en él la Luz, para desvanecer las sombras de discordia, de impureza y de limitación que en su mayor parte, componen el mundo exterior. Como no existe ni Justicia Divina, ni Equilibrio Divino, ni Luz en el mundo exterior, no puedes hallar estas cualidades en el mundo, antes de haberlas vertido de la Octava de Luz y, con ellas, haber inundado toda Vida en todas partes.

La Vida, tu Poderosa Presencia YO SOY, tendrá así una cierta cantidad de tu propia energía calificada de Luz y de Justicia, que ella puede intensificar, amplificar y devolvertela para darte la Justicia y el equilibrio que deseas tener.

De ahora en adelante, se muy prudente y no utilices la Vida de quienes son guardianes, para dar Justicia Divina a todos. Te lo ruego, no guardes en ti ningún sentimiento de resistencia hacia los demás y se bueno especialmente con los que aman la Luz y que tratan de expandirla como tú.

Vigila tus sentimientos

Vigila tus sentimientos y si experimentas la menor resistencia a la idea de ayudar a otra parte de la Vida a alcanzar felicidad y alegría, debes ponerte en guardia, porque entonces, no eres divinamente justo hacia la Vida.

¡La Vida te ama! Tu mejor amiga es la Vida, de la que tú no eres sino guardián, y debes usarla para otorgar Justicia Divina a otra Vida en el Universo, creando Belleza, Perfección y Felicidad, durante toda la eternidad.

En los cuerpos de deseos de algunos estudiantes, percibo pequeñas resistencias que no quieren ceder y proyectan una sombra sobre la Luz de su Ser, ¿qué tan resplandeciente sería si tuvieran el hábito de bendecir a todo el mundo, y de expandir la Luz por todas partes con un sentimiento de gozo? ¡como si se tratara de un niño feliz!

Si existe una persona que carece de armonía, y que en ocasiones parece doblegarse bajo el peso de las sombras, no agregues el peso de una brizna de paja a lo que ya carga con dificultad este ser, porque echarías así, una sombra sobre tu propia Luz. No toleres en ti una falta de amabilidad hacia los que aman a la Luz. Sé que todos hacen su máximo esfuerzo. Todos los que se encuentran bajo esta Radiación, dan lo mejor de ellos mismos ¡no hay necesidad de que uno de ustedes proyecte una sombra sobre un condiscípulo! Seamos como una gran Presencia de Luz, sonriendo con bondad, olvidando la falta de consideración del mundo exterior, con el fin de ser justos con nuestra propia Vida, antes que nada.

Mi Bien-Amado: ¡no proyectes ninguna sombra sobre tus sentimientos, porque desconoces aún qué tan poderosos son! Debemos encontrar un medio para actuar sobre los sentimientos de los humanos, con el objeto de ayudarlos a desembarazarse de la masa de deseos que se encuentra profundamente anclada en sus sentimientos. La exposición intelectual de una cosa, proporciona de ésta, una idea constructiva o destructiva. Durante muchos siglos se han dado innumerables explicaciones a la humanidad, acerca de lo que es constructivo o destructivo, pero nada ha traído un cambio permanente hacia una Vida constructiva, porque no se puede obligar a las personas, a vivir conforme a la Ley. Si se intenta hacerlo, ¡no se obtiene éxito mucho tiempo! Esta es la razón por la que yo hago la invocación, y espero que se ejecute, para encontrar un medio extraordinario que me permita tocar los sentimientos de la humanidad, a través de mi Muro de Luz... y, si tengo éxito, haré mi Espada a un lado.

La Tarea de los Maestros Ascendidos, los Seres Cósmicos y la Amada Presencia YO SOY sobre el Cuerpo mental y emocional

Deseamos crear técnicas, que nos permitan ayudar a la Iluminación de la Energía del Cuerpo mental y del Cuerpo emocional de la humanidad, con la producción de "películas" que pongan en escena Seres de Belleza Trascendente, y las más maravillosas Actividades de la Luz.

Tú todavía no comprendes lo que se produce de pronto en tu cuerpo emocional, cuando tu atención visual se fija en imágenes o escenas constructivas o destructivas.

Cuando ves una injusticia en la Vida, sientes un golpe en el plexo solar, ¿no es verdad? Si ves que se maltrata a un niño, a un animal o a un árbol y no posees el completo control de tus sentimientos, experimentarás un malestar en el hueco del estómago (plexo solar), y tendrás resentimiento. Esto proviene de que el gran nervio (el pneumagástrico), que distribuye la energía al estómago y a la parte central del cuerpo, se encuentra en conexión directa con tu vista. Debes aprender a absorber por medio de la vista, el gran

Amor que los Maestros Ascendidos, los Seres Cósmicos y tu Bien Amada Poderosa Presencia YO SOY, irradia hacia ti y notarás que un sentimiento de bienestar y de felicidad, se expande en tu plexo solar. Por Su Radiación, los Grandes Seres colman la sala de Su Energía; tus electrones se dilatan, sientes un estremecimiento por todo el cuerpo y eres muy feliz.

La vibración de tu Presencia YO SOY

Ahora, escucha con atención: Por tu Música YO SOY de las Esferas, puedes tocar la Energía del Cuerpo de deseos, y por la Luz liberada por la Música constructiva, puedes purificar de inmediato la sustancia del Cuerpo emocional.

El Poder de la Música YO SOY, visualizado como una Llama o un Océano de Sustancia-Luz, que fluye a través del Cuerpo emocional de los seres, te ilumina. Te ruego que mantengas claramente esta imagen, en especial cuando difundas tu Energía vital cantando notas de música constructiva: que esto sea como un Océano de Luz que atraviesa el cuerpo de deseos de la humanidad, que inflama las partículas de Luz (o electrones), en los sentimientos de los seres humanos, ayudándoles a difundir la Luz, a través de sus estructuras atómicas.

Califica tu Música como un Océano de Luz o un Océano del Fuego Sagrado, que difunde como a través de un vidrio. Considera la sustancia de los Cuerpos emocionales, como una sustancia transparente a través de la cual, la Luz de la Música YO SOY, atraviesa sin resistencia. La Música constructiva es Energía cualificada armoniosamente y estalla y se difunde en la atmósfera; disolviendo todas las tasas vibratorias a su paso.

La cualidad de lo que se mira

Si tu vista se siente afectada por una escena destructiva, tus sentimientos se perturban y cortan eventualmente tu digestión. Si miras cosas que te producen alegría, tu conciencia se eleva y todas las dificultades desaparecen. La cualidad de lo que ves, penetra en la energía que has absorbido a través de tus ojos. Dicha Energía siempre debería ser cualificada de Armonía y de Felicidad, y jamás debería darte una sensación de tensión o de discordia.

Si llegas a realizar la estrecha conexión existente entre tu mirada y las sensaciones del plexo solar, habrás obtenido un medio de perfeccionar rápidamente tu sentido de la vista. Si la energía de tu plexo solar se mantuviera siempre en armonía pura y equilibrada, tu vista sería perfecta, porque la aportación de Energía del cerebro está en conexión directa con las actividades de tus ojos y de tú estómago. Por lo tanto, en la medida en que seas indulgente, bueno y en que mantengas tu atención fija en la Luz, la emisión de tu Energía, pasando por tus ojos, será naturalmente luminosa y cualquier imperfección de tu vista será desechada por la visualización intensiva de la Llama Violeta Consumidora y del Relámpago Azul de Pureza Cósmica.

¡Cómo quisiera yo poder mostrarte los grandes Océanos de Luz que se difunden como respuesta a tus poderosos Decretos!

Los Grandes Seres te aman, y te amarán durante toda la eternidad por tu Amor, tu Devoción, tu Lealtad y la persistencia con la que has continuado repitiendo tus Decretos en la atmósfera, de tal forma saturada por los sentimientos negativos y la discordia de la humanidad.

¡El local en el que haces tus Servicios, es como un Lago de Luz resplandeciente en medio de las tinieblas que rodean la ciudad, y grandes cantidades de Luz parten del Océano de Luz que eres tú! Dichos Torrentes de Luz han penetrado en las actividades humanas y han obligado la consumación de una gran cantidad de sustancia que estaba muy lejos de ser traslúcida.

La acción de la Divina Justicia

Me gustaría que pensaras siempre en Mí, como un Ser de Amor y de Bondad, y no como un Ser severo que te impone obstáculos porque has creado la discordia del pasado. Espero que no tengas una opinión igual de Mí. Incluso muchas personas se resisten llamar a la Justicia Divina por el temor de que las faltas que han cometido en el pasado, salgan a la Luz y sea necesario pagarlas. ¡Te lo ruego, disuelve estos sentimientos, porque yo puedo ayudarte!

Recuerda siempre que el Amor Divino, la Justicia Divina y la Misericordia, son sinónimos y, al mismo tiempo,

Libertad; ¡la Cualidad de tu preciado Saint Germain! Lo que deseo imprimir en tu conciencia, a partir de este día, es la memoria de que debes amar y bendecir, con una carga de Luz, todo lo que utilizas en esta Tierra, y que es preciso ordenar que toda sustancia, en el planeta, rinda Justicia Divina, o perfecto equilibrio en todo objeto existente, a la Poderosa Presencia YO SOY y a los Maestros Ascendidos. Porque si, a todo lo largo de tu camino bendices todo por tu Amor, tu Luz y tu mandato de manifestar la Perfección antes de ponerlo en circulación en el mundo, habrás cumplido realmente la misión que tu Poderosa Presencia YO SOY te había confiado, cuando Ella te dio el cuerpo físico que llevas.

Iré más lejos y te pediré: "¿Sabes que puedes rescatar una gran parte de la sustancia que has descalificado, especialmente en tu estructura atómica, si quieres hablar directamente a esta sustancia y pedirle perdón por haber proyectado sombras en ella? Bendice esta sustancia desde lo más profundo de tu corazón, e invoca a la Llama Violeta Consumidora para que Ella bendiga esta sustancia y rinda Justicia Divina por Su Pureza, a esta Vida".

¡No critiques nunca más tu cuerpo! Si no estás satisfecho de su apariencia, te aseguro que tampoco lo están los Seres de los cuatro elementos que están encerrados en él. No guardes ningún sentimiento de crítica o de condena hacia tu cuerpo, porque los Seres de los Elementos, al tomar las formas que tienes, simplemente han obedecido a tus cualificaciones pasadas. Ahora, hay que cumplir la redención de esta sustancia, inundándola de tantas Bendiciones y de tal cantidad de Luz, que su tasa vibratoria sea elevada al grado de hacerla translúcida, y que la acumulación alrededor de los puntos de Luz, se disuelva por completo.

Por su propia expansión, cada punto de Luz se convertirá en un Sol y se unirá a los puntos de Luz en las células vecinas, haciendo la carne cada vez más luminosa, los sentimientos cada vez más armoniosos —entonces tus asuntos se pondrán en orden Divino con toda naturalidad y automáticamente—; todo en ti y a tu alrededor, se transformará en una actividad de Luz, expresando siempre más Belleza, Perfección y Libertad.

Si comprendes que toda injusticia es una sombra, mientras que toda Justicia Divina es una Llama del Corazón de tu Bien Amada Poderosa Presencia YO SOY o una Llama de Amor de mi Corazón, sabrás que no hay sino llamar a los Océanos de la Llama de Justicia Divina eterna, para sumergir en Ella tu entorno y de Ella impregnar tus sentimientos, hasta el grado de que rindas a todos la Justicia Divina de tu Poderosa Presencia YO SOY y de los Maestros Ascendidos, siempre.

Empieza por dirigirte a tu Poderosa Presencia YO SOY diciendo: "Poderosa Presencia YO SOY, toma el mando de toda la energía de mi Cuerpo de deseos. Colma esta energía de tu Luz y purifícala con la Llama Violeta Consumidora, porque quiero restituírtela tan pura como me la has prestado. Deseo bendecir las actividades del mundo exterior por mi Amor y mi Perfección, con el objeto de elevarlas a la Octava de los Maestros Ascendidos; yo deseo ser divinamente justo hacia ti y a los Maestros Ascendidos.

No permitas que yo proyecte nunca más ni siquiera una sombra sobre cualquier otro fragmento de la Vida. Que sea yo la Luz de la Justicia Divina eterna".

He ahí la acción fundamental de la Ley de Justicia Divina, actuando sobre tus sentimientos. He ahí cómo debes proceder si quieres perdonar a los seres y las circunstancias.

Ser libres

Para ser libre, debes liberar tus sentimientos de la Energía que ha sido cargada de dureza y del deseo de dominar la Vida de los demás. No trates de dictar a los otros lo que tienen que hacer o de guiarlos, porque esto alterará tus sentimientos.

¡Me gustaría mucho hacerte ver que la Vida se equilibra de forma automática! Cuando la Luz se expande libremente, el gozo reina en forma natural y todo se encuentra en perfecto equilibrio. Cuando "decretas", mi amado Hijo, tu vida fluye llena de Luz y difundes dicha Luz para disolver toda la discordia y para substituir la injusticia del mundo externo.

Insiste en tus Llamadas, continúa tocando y cantando tu Música YO SOY. Sé bueno e indulgente y si la discordia exterior trata de importunarte, aparta tu atención y entra en la Radiación de Luz del Corazón de tu Presencia y díle: "¡Cierra tras de mí Tus Puertas de Luz; permíteme penetrar hasta el Tesoro de mi propio Ser, porque las sombras allí no pueden penetrar!".

A todos los que solicitan la entrada en la "Gruta de Luz", en la India, la Voz del Guardián del Umbral, expresa de manera perentoria: "Los que aquí entran, deben abandonar sus envolturas físicas". Piensa en esto cuando invoques a tu Poderosa Presencia YO SOY, porque hay que abandonar todo concepto físico, toda la mente inferior, si quieres rendir Justicia Divina a toda Vida; entonces emplearás toda tu energía para bendecir y difundir la Belleza y el Poder de la Luz. Tu Presencia puede así, volver a tomar inmediatamente esa energía en Su Corazón o en la Octava de los Maestros Ascendidos.

Mi amado Hijo: ¡Ya no permitas a las sombras que abusen de ti; ya no toleres a las sombras en tu cuerpo de deseos, en tus sentimientos; no permitas que las sombras impidan a tu Presencia YO SOY darte el uso de los Poderes que le pertenecen, a fin de liberar tu país y de elevar a tu prójimo en la gloria de la Libertad!

Llamados a la Justicia Divina

Le doy las gracias a todos por sus Llamadas en favor de los recién nacidos. ¡Qué agradecida te estoy por estas Llamadas! ¿Y sabes lo que éstas atraen a ti de las Esferas interiores? La gratitud de la Poderosa Presencia YO SOY y del Cuerpo Mental Superior de cada una de estas Corrientes de Vida, un Océano de Gratitud, de Amor y de Luz para bendecirte, porque no puedes bendecir a estos recién nacidos sin que un gran agradecimiento y el Amor de la Poderosa Presencia YO SOY y del Cuerpo Mental Superior de cada uno de ellos, se acerque a ti. Todos los Maestros Ascendidos, te están infinitamente agradecidos porque quieres purificar las condiciones de vida en la Tierra, a fin de que estas Corrientes de Vida puedan ganar la Victoria de su Ascensión —su Realización—, ¡Y cada uno de estos Seres te expresará su Amor y su Gratitud cuando haga contacto contigo!

Es un acto verdaderamente de gran Misericordia hacia la Vida hacer esta invocación, para que se otorgue una mayor Asistencia a los recién nacidos, ¡porque nosotros tenemos Océanos de ayuda que ofrecer!. Mi Bien-Amado: no existen límites para la ayuda que un Ser Ascendido puede extraer en la Infinidad de la Creación, para ayudarte a ser divinamente justo hacia la Vida. De todo el Universo manifestado, vendrá la respuesta a tus Llamadas, si eres divinamente justo hacia toda Vida, porque serás amado por todos y todos tendrán confianza en ti, si amas suficientemente a la Vida para rendirle Justicia Divina y conservar el Equilibrio, en todo lo que se te ha confiado.

Los Coros Angélicos te están agradecidos cuando invocas Su Presencia. Los Ángeles llegarán a ti en innumerables Legiones si los invitas, pero no se impondrán jamás, ni pasarán a través de un muro de duda; que es similar a un muro de acero. No vendrán sino en respuesta a tu Amor que los invita.

Las sombras de tus sentimientos

¡Mi preciado Hijo: las sombras son las que hacen dudar y titubear a los humanos y hay más sombras que pasan sobre tus sentimientos de lo que tú imaginas!

Prepárate y ordena a las sombras que retiren sus garras de tus sentimientos. Pide, exige, que la Pureza de la llama de Amor del Corazón de tu Presencia, se cargue a través de tus sentimientos e inunde todas las sombras. Pero es indispensable llamar a tu Presencia en Acción, y Ella te ayudará a cambiar rápidamente las apariencias exteriores.

¡Te lo ruego, no guardes el mínimo sentimiento de descontento, de molestia, de crítica o de juicio hacia el menor fragmento de Vida!

Purifica tus sentimientos de toda sombra, y serás la "Maestra Presencia YO SOY de Luz", y eternamente la Justicia Divina será tuya, por todas partes en el Universo.

Guarda sólo sentimientos de indulgencia y de perdón hacia tus parientes, tus socios o relaciones pasadas. Todo pensamiento proyecta una sombra sobre tus sentimientos, y yo puedo ayudarte a liberar la energía de tu cuerpo emocional para que seas libre.

Si tu intelecto te recuerda algún período poco feliz, apártate como si se tratara de un pantano venenoso; entra en el Océano de Luz de tu Presencia, y cierra las Puertas de Luz detrás de ti.

La Luz

¡Deseo liberarte, con un propósito más profundo que el de tu Libertad individual!

¿Sientes la enorme calma que irradia en la sala? Deseo que experimentes el Gran Silencio interior, la Felicidad profunda, apacible, que te inundará cuando seas capaz de elevar tu atención y de mantenerla en tu Presencia diciéndole con un Amor profundo: "¡En lo sucesivo ya no habrá en mí más injusticia hacia ti! Haz de mí un Sol y que tu Luz brille de forma tan intensa, que toda sombra se desvanezca para siempre de mi camino. Cúbreme de tu Sustancia de Luz resplandeciente, y que la humanidad pueda verla con la vista Física. Haz que yo no difunda sino la Luz y la Justicia Divina para todo ser".

Te agradezco por los Decretos que das para tu región y, si un cierto número de estudiantes está suficientemente decidido para exigir que la región sea purificada por completo, y si no dejas de pedir que la Acción de la Ley se ponga en actividad, ¡puedes transformar esta región en un Paraíso de Luz!

Todas las Puertas están abiertas para ti, y todos los Poderes de Luz del Universo están a tu Servicio, cuando tu motivo de acción es la purificación armoniosa y permanente de la Tierra.

"Las sombras van y las sombras vienen, pero la Luz progresa indefinidamente".

La Justicia Divina en la Acción del Amor y la Luz

Permite a la Justicia Divina que penetre tu Ser y tu entorno, después que se expanda, en oleadas ininterrumpidas sobre el mundo exterior. ¡He tenido que esperar tanto tiempo! Cuando los humanos empezaron a usar a una mujer de ojos vendados para representarme, aceptaron deliberadamente una sugestión de las terribles fuerzas de las tinieblas, tendiendo a obstaculizar, obstruir el Poder de visualizar el perfecto Equilibrio. Ahora, he venido para decirte la Verdad. Jamás he tenido los ojos vendados, ni en el pasado ni en el presente. Concedo que los humanos tengan los ojos vendados y te digo: "¡Por el Poder de mi Muro Mágico de Amor y de Luz, quitaré esta venda de sus ojos y consumiré la discordia que han impuesto a la Vida, y verán a Su Gloriosa Presencia YO SOY frente a frente! Querrán de nuevo rendir Justicia Divina a la Vida, porque, yo estoy aquí para operar la redención de la Sustancia de la Tierra, y empiezo mi Acción en los cuerpos emocionales de la humanidad. Que la Gran Dispensación sea acordada, que permita que ciertos Poderes de Amor y de Luz, penetren por la vista física en el cuerpo de deseo de los humanos, y que la Música YO SOY de las Esferas purifique los sentimientos, haciendo que los seres humanos vean como lo ve Dios".

En mi Dominio reina la gran Calma del Poder irrevocable. Nada perturba nunca la Felicidad Majestuosa que allí gobierna. Yo resido en el equilibrio perfecto. Mi camino es la Luz, y la Luz es la Armadura de mi Poder. ¡Que el Amor de mi Corazón inunde tus sentimientos y te haga desear intensamente rendir Justicia Divina a tu Poderosa Presencia YO SOY, a los Maestros Ascendidos y a todo lo que representa la Luz, que nunca más pienses ver hacia atrás o percibir sombras!

Entra en la Luz, toma mi Mano y mi Amor te penetrará. ¡Todos te rendirán Justicia Divina y serás libre como el Aire! Recuerda que es tu obligación rendir Justicia Divina a tu Poderosa Presencia YO SOY, a los Maestros Ascendidos y a todo lo que es Luz en la Vida.

El medio más fácil y que da resultados permanentes, es el empleo de la Música YO SOY de las Esferas, porque la Belleza del Sonido es energía armoniosa que entra y pasa sin resistencia a través de ti. ¿Existe lucha cuando cantas? Los dulces acordes de la Melodía de la Estrella de Amor , ¿generan lucha a su paso? Las sombras en tus sentimientos, ¿se resisten de alguna manera? Creo que no. Tú amas esta Música de la Estrella de Amor, ella te ama y la Justicia Divina se ejecuta sin esfuerzo, cuando la Luz de la Música YO SOY fluye a través de tus sentimientos.

¡Observa, mi preciado Hijo, cómo por el Poder de la Luz y del Sonido, armoniosamente combinados, deberán ser cambiadas todas las apariencias del mundo real!

Ningún cambio es permanente, si no se produce por el Poder de la Luz.

Toda bella Música —la Música YO SOY de las Esferas— es Luz, puede y debe producir transformaciones permanentes y se rendirá, al fin, Justicia Divina a toda

Vida, en todas partes. Sólo las sombras se han interpuesto entre tú y el bien que regresa a ti. Aquí y ahora, da la espalda a las sombras. Da la cara a tu Presencia y a los Maestros Ascendidos, que son la Luz. Llama a la Luz en olas sin limite para que te inunde de su Justicia Divina, acércate al Amor de mi Corazón y vivirás Milagros.

Que los Ángeles de la Justicia Divina, te ayuden a comprender y se conviertan en tus compañeros y protectores fieles; que te ayuden a difundir la Justicia Divina y a establecer la Perfección Divina en todas partes.

¡Si pudieras darte cuenta de lo que esto representa para las fuerzas de los Elementos! Estos Seres se harán tus colaboradores, benévolos y amorosos. Te colmarán de Dones y de Bendiciones cuya existencia ignoras; porque hay Actividades maravillosas en la Naturaleza, que se han conservado puras y lejos de la contaminación de la discordia humana.

He establecido mi Guardia invencible para estos Seres de la Naturaleza y, las futuras generaciones usarán toda Sustancia terrestre de manera constructiva, o carecerán de ella, porque toda Sustancia te huirá, y permanecerá en la penuria hasta que aprendas el uso positivo de toda Sustancia.

Los Seres de las Fuerzas de los Elementos y los Poderes de la Naturaleza desean servir a los humanos, para lo cual, los envuelven en Armonía, Luz y Bendición. Están listos a ofrecer valiosos Dones. Por lo tanto, si deseas asegurarte la ayuda que te puede llegar por estas poderosas vías de Bendición, por los Poderes de la Naturaleza , invoca con todas tus fuerzas a todos los Poderes de Luz y de Amor, con el propósito de llenar a estos Seres de Amor y de librarlos de la impureza de las sombras que la humanidad les ha impuesto. Sentirán tu Amor y te darán sus Tesoros. Serán tus amigos y tus protectores de Luz y contribuirán a establecer la Justicia Divina por la Luz.

El Poder de la Bendición y el Poder de la Luz

¡Mi Bien-Amado! ¿No quieres bendecir tu garganta y tu voz? Yo te ayudaré. Deja que la Llama de Amor de tu Corazón, penetre en tu cuerpo y bendiga cada partícula de Sustancia. Me uno al Bien Amado Saint-Germain, que te ha dicho: "¡No existe equivalente para la Bondad y para la Llama Violeta!". Yo agrego que no hay nada más poderoso que el Poder de la Bendición. Si cada una de tus palabras hubiera sido divinamente justa, ellas habrían sido una Bendición para toda Vida.

Ordena que en lo sucesivo, cada parcela de energía que irradie de ti se cargue con tanto Amor que rinda Justicia Divina a la Presencia YO SOY en todas partes.

Mi Bien-Amado, conviértete en dispensador de Luz y de Justicia Divina; ¡brinda por la Llama de Amor del Corazón, de la Cabeza y de las Manos de tu Presencia, un Océano de Bendición a toda Vida, con el objeto de liberarla, en todas partes!

Toma tu Espada de Llama Azul, y corta la sustancia descalificada que mantiene presos a los seres que te rodean;

después, substituye esto por la Sustancia de Luz y de Perfección de los Maestros Ascendidos, en acción permanente y en expansión eterna!

El retiro al Corazón del Gran Silencio

En ocasiones, hay que apartarse de las sombras y fortalecerse en la Luz. Incluso tu preciado Saint Germain (Y los otros Maestros Ascendidos) se retira hasta el fondo del Corazón del Gran Silencio, acumula Poder y traza el plan de la siguiente oleada de manifestación; después reaparece en el mundo exterior. Él practicó esto en la Edad Media y también después de su Servicio en Europa, durante la Revolución francesa.

Haz lo mismo con tu Poderosa Presencia YO SOY. Penetra en Su Luz y Su Silencio, sólo cinco minutos antes de dormirte, o durante algunos instantes al despertar, pero apártate un poco cada hora de toda confusión del mundo exterior.

Eleva tus brazos hacia tu Presencia, como un niño hacia su madre, ofrece una Copa de Luz e inunda todo lo que te rodea del Amor de tu Corazón; que fluyan de ti Océanos de Bendición con la orden de garantizar la Justicia Divina en todas partes, así como la Paz, la Armonía y la Abundancia de todo lo positivo.

La Orden para la perfecta Abundancia te transformará en un Sol eterno, expandiendo la Justicia Divina hacia la

Vida, cuyo Poder liberador se manifestará en un Océano siempre creciente.

En lo relativo al establecimiento de la Justicia Divina en tu gobierno y ciertas actividades humanas, haz la invocación para que mi Espada de Llama Azul de los Diez Mil Soles aniquile todo lo negativo, porque, cósmicamente hablando, existen acumulaciones de sustancia y de energía maligna en varios puntos del Planeta; ¡deben ser tratados por mi Espada de Llama Azul y, cuando el mundo esté suficientemente purificado, mi Servicio consistirá en establecer un gran Foco de Poder cuya Radiación impondrá Justicia Divina en todas partes.

El establecimiento de la Justicia Divina

Queda mucho para purificar por el Relámpago de Llama Azul, la Llama Violeta y la Espada de Llama Azul; para ti, espero no tener que usar mi Muro Mágico de Poder, en el futuro.

YO SOY, yo proyecto la Joya de la Llama de Amor de mi Corazón en tu cuerpo de deseo, para hacerte sentir mi Amor y para que se rinda Justicia Divina a tu Poderosa Presencia y a toda Vida.

¡Tú eres una Joya en la diadema de la Tierra, pero hay piedras preciosas individuales de Luz que puedes usar , para guardar en sus sentimientos mi Amor que consumirá las sombras antes de que se aproximen!

¡Que mi Amor para tu país, que yo quiero difundir por ti, no encuentre ningún tipo de obstáculo de ahora en adelante y que fluya como un Océano de Poder, equilibrando todo! ¡Que toda sombra sea disuelta en tu camino!

Mi querido Hijo, trata de obtener la Justicia Divina portando Su Llama en todas partes; purificando los sentimientos de las naciones a fin de que sean justas hacia la Vida, y que la Vida pueda hacerles gozar de la Justicia Divina.

La gran Autoridad con la que me ha investido la Vida te será ofrecida a hasta un cierto punto del Sendero, pero primero hay que impartir Justicia Divina a tu Poderosa Presencia YO SOY, permitiéndole que te transforme en una Copa de Su Luz, que inunde las sombras de tu camino y te transforme en una bendición permanente para toda Vida.

¡Entonces, por tu Luz, la Vida te investirá del Poder de manifestar la Justicia Divina y la Libertad Divina, en todas partes!

Hasta pronto, te amo, te bendigo y te doy las gracias.

Diosa de la Justicia

LECCIÓN 11

ENSEÑANZAS DE LA DIOSA DE LA PAZ

La Acción de la Diosa de la Paz

Mi Bien-Amado: Las Llamadas que haces a la Poderosa Presencia YO SOY, para la Paz, atraen mi Presencia a tu lado.

Entre más Gozo, sienta tu Corazón al invocarme, mayor será el sentimiento de mi Paz que descenderá a tu conciencia. ¡Esta Acción de mi Paz en ti pondrá en acción una onda poderosa de Paz, como respuesta a las Llamadas hechas a tu Poderosa Presencia YO SOY!

Sugiero que antes de dormirte, consagres al menos dos minutos a las Llamadas y Adoración de la Presencia de la Paz.

La Tierra necesita Paz y los Maestros Ascendidos hacen penetrar en ella todas las cualidades que los humanos pueden usar. En lo que a ti respecta, manténte consciente del inmenso Servicio que puedas prestar por tus Llamadas en grupo.

Todo está registrado en la Luz

Has escuchado hablar del Ángel que posee el Libro del Bien y del Mal. Dicho Ángel no es otro que tu Cuerpo Mental Superior.

Los Maestros Ascendidos que no conocen las limitaciones de lo humano, tienen en los registros etéricos una documentación exacta sobre las individualizaciones terrestres. Los que en la actualidad son atraídos a esta gran corriente de Luz son seres que, en sus encarnaciones pasadas obtuvieron un gran dominio sobre sí mismos y, por ello, fueron capaces de realizar hechos notables al servicio de la Luz. Desafortunadamente, sucumbieron a la tentación de escuchar calumnias y se apartaron temporalmente de la Corriente de Luz. Por tu parte, has recibido muchas advertencias y sabes que la menor perturbación en tus sentimientos, debe considerase como una provocación de la fuerza siniestra, que es necesario excluir ahora mismo, volviéndote hacia la Luz de tu Presencia e invocando su Soberanía en todo lo existente. Te repito que no hay ninguna creación humana que pueda sustraerse al dominio de la Luz.

El dominio de la Luz sobre la Materia

¡Recuerda bien mis palabras! ¡La Luz que invocas no conoce ningún tipo de obstáculo! Esto es totalmente cierto; pero ¿sabes que la Vida que hace latir tu Corazón es en verdad la Soberanía del mundo? Si obedeces a la Ley de Armonía, entonces el llamado poder del mal, no tratará siquiera de oponer la mínima resistencia al Poder de la Luz que pones en Acción por tus Llamadas a la Presencia de la Luz.

He aquí lo que tienes que tomar en cuenta en tu aplicación: la mínima aplicación que hagas de esta Instrucción; porque si lo piensas y lo sientes con una completa convicción, no puedes dejar de tener la prueba de que la Luz posee el Dominio absoluto en toda la materia. No existe creación humana ni concentración de fuerzas negras que intenten siquiera interferir en ello.

El dominio de las Esferas de Acción

¿No has notado, por lo tanto, que incluso en este instante, eres dueño absoluto de tus esferas de acción?

Si esto parece lo contrario, es sólo porque no has adquirido aún la completa convicción de la Soberanía de la Luz que hace latir tu Corazón. Trata de sentirla. Es imposible mirar la Carta o Gráfica, sin darte cuenta de que es la representación exacta, la imagen perfecta de tu situación relativa a tu Presencia Divina. La Luz de esta Presencia es la Vida eterna que se expande eternamente en la Tierra por el YO Divino individualizado. Te consideras como individuo, persona, ser humano. Es muy posible que esto sea así; pero ¿qué haces de la Vida, de esta Vida que es Soberana en todo el Universo? ¡Tú eres esta Vida! Te identificas con tus revestimientos que parecen limitarte; pero, en realidad, no estás limitado, YO te ruego que no otorgues poder a tus revestimientos. Lo mismo que desechas un vestido viejo, así puedes quitarte el vestido de carne, que no vale nada en el momento en que la Vida se retira de él. Esto es innegable.

Si estás convencido de que cada célula de tu cuerpo contiene un Punto de esta Luz cuyo Poder sostiene el Universo, ¿cómo puedes, entonces, sentirte limitado? Los hombres no han puesto suficiente atención en estos Puntos de Luz que son la estructura y la cohesión en la forma humana.

La comprensión de la propia Grandeza

Esta comprensión, es la grandeza de su simplicidad, te hace tocar la raíz de tu Vida y de tu Ser. La Luz que impulsa en este instante los latidos de tu corazón, es la Luz, la Presencia conquistadora de las más altas Esferas del Universo, la simplicidad de expresión de estas Leyes fundamentales de la Vida, no debe incitarte a restarles importancia. Se requiere de esta sencillez para poner las explicaciones al alcance de todos.

La gran expansión que la Luz Cósmica ha tomado en la Tierra, ha permitido a tu Gran Bienhechor, Saint Germain, atraer la atención de los humanos sobre la importancia fundamental de la existencia de Puntos de Luz en tu cuerpo, y sobre la preponderancia del sentimiento sobre la mente. Hace muchos tiempo, esto era algo que no se mencionaba sino de manera ocasional y nadie atribuía demasiada importancia a la expansión de la Luz en los individuos ni tampoco al hecho de que el cuerpo de deseos es el acumulador donde reside tu poder de acción.

La contemplación de la Carta

Mi Bien-Amado: el hombre que jamás ha visto la Carta o Gráfica, no llegará a enraizarse definitivamente en la Luz. Es literalmente imposible para los hombres comprender su propia realidad, sin una representación, una imagen que les permita mantener su atención fija sobre lo que son en Realidad. Todo sentimiento tiene una forma y un color. Los Maestros Ascendidos leen en tus sentimientos con más facilidad con la que tú lo haces en un libro. Los registros de tu cuerpo de deseo son rigurosamente fieles. Lo que está impreso en los libros puede contener ciertos errores, pero la Luz de tu propia Vida crea registros exactos. No hay engaño posible fuera de los asuntos humanos. La expansión de tu Luz revela a los Maestros Ascendidos, a los Seres Cósmicos, a tu Cuerpo Mental Superior, natural y exactamente, lo que eres.

Las opiniones humanas y las Leyes de la Vida

Tú eres el único juez de tu sinceridad, de tu lealtad y del grado de obediencia que des a las exigencias de la Vida; pero recuerda que manipulas la Energía Vital a cada momento. La Vida no puede modificar sus Leyes, incluso si pretendes violarlas por tu ignorancia o tu desobediencia. Las opiniones humanas no cambian las Leyes de la Vida; no olvides esto nunca. No existe comparación posible entre la Realidad de la Vida y todo lo que tiene curso en el mundo externo en la actualidad.

El Gozo de la Vida

Puedes gozar de la Vida sin pagar intereses. La Vida no te pide sino que le prestes su libre expansión a través de ti; ¡tu feliz obediencia traerá las "Glorias de la Luz de Dios que jamás falla!". ¡Cuando invocas a la "Luz de Dios que jamás falla", penetras en las más altas Esferas! Es el Decreto para tu Libertad, porque es la Llamada a la Potestad Divina indefectible. El más denso mundo puede emitir este Decreto y penetrará en las más elevadas esferas, porque no existe en ninguna parte, una barrera que detenga a la Presencia y al Poder del Amor Divino.

Tu Decreto: "La Luz de Dios no falla jamás" ha penetrado como una potente flecha de Luz en las Altas Esferas a donde tuve que retirarme durante muchísimos siglos y he regresado a este mundo.

Tu Llamada es la Llamada de la Vida: el Edicto de la Vida. Ordenando a todos sus Mensajeros, donde quiera que se encuentren, para que den toda la asistencia necesaria. "Paz en la Tierra a los seres de buena voluntad". ¡El significado y el poder de estas palabras penetrarán y vivirán en el corazón de toda la humanidad para siempre! ¡Manténte firme, mi Bien-Amado! ¡Que el valor y la Fuerza de tu Poderosa Presencia YO SOY, de tu Vida, inunden tu Ser y tu Esfera de Acción! ¡Que logres cumplir lo que la Vida te pide, hoy!

Por fortuna, la Vida no te impone contribución, ni te cobra intereses, a pesar de que la hayas usado olvidándote por completo de tu Poderosa Presencia YO SOY, ¡durante muchísimos siglos! ¡Qué tragedia, si la Vida lo hiciera! Pero la Vida ha dicho: "¡Hijo mío! ¡Yo espero, y seguiré esperando!" Ahora la Vida Cósmica, la Gran Luz Cósmica ha dicho: "No podemos esperar durante más tiempo". La Tierra es sombría o luminosa siguiendo la intensidad de la Luz emitida por sus habitantes. Tú eres la Presencia de Vida individualizada. Todo lo que la Vida destina a un mundo debe pasar por los seres individualizados de dicho mundo. Desde que la humanidad empezó a olvidar el Manantial de la Vida, el Planeta se fue oscureciendo y las limitaciones y la discordia se instalaron en él. Cuando los hombres pierden la comprensión de la Vida y de sus Leyes, no atraen la suficiente Luz para permitir la disolución de las limitaciones que ellos mismos originaron. ¡Qué privilegiado eres al haber adquirido esa mínima comprensión que ya tienes! No dejes de adorar a tu Poderosa

Presencia YO SOY y proyecta Su Vida en tu mundo de Acción, porque la Vida es Movimiento perpetuo.

El empleo de los instrumentos mecánicos

A través del examen de los Archivos de la Tierra, he comprobado que la humanidad se ha esforzado siempre en manifestar la actividad completa de la Vida, por medios mecánicos. Persigue el Movimiento perpetuo y no se da cuenta de que la Vida que emplea para realizarlo es justamente Movimiento perpetuo. Los hombres no comprenden la naturaleza de la Vida, y piensan que necesitan instrumentos mecánicos para demostrar que la Vida de su Corazón ¡es el formidable Movimiento perpetuo y Universal!

Mi Bien-Amado: Grandes catástrofes se han evitado en tu país y, desde hace meses, el suelo sobre el que vives tranquilamente ya no estaría bajo tus pies. Si no se hubieran puesto en Acción medios de ayuda extraordinarios por los Poderes de las más profundas Esferas de Luz. Sé agradecido y aprecia en su justo valor, el Privilegio de Poder dar este Servicio por la vía de Decretos, Afirmaciones y Llamadas.

La liberación del Poder de la Luz

No digas nunca: "Yo no soy sino un pobre hombre, ¿cómo puedo liberar estos grandes Poderes de Luz?".

Realmente, cada uno de los estudiantes puede repetir las "Palabras" de Poder otorgadas por los Maestros Ascendidos. Hasta un niño que sea capaz de comprender las palabras, puede hacer la Llamada a la Poderosa Presencia YO SOY. Por tanto, no aceptes los límites que tu mente inferior quiere imponerte. Nada, ni nadie puede decir qué resultados puedes obtener de tu Poderosa Presencia YO SOY, por las Llamadas sinceras y determinadas, porque es la intensidad de tu deseo, de tu sentimiento, el que procura la energía para cumplir tus Llamadas. En tu determinación, se manifiesta el Poder de tu Presencia que es obligado a quedar firmemente en la Luz.

Si vives en "unión" con tu Poderosa Presencia YO SOY, el Poder de la Luz. ¡No tienes que tener miedo de nada, ni de nadie, ni lugar ni condición en el mundo entero! Las fuerzas destructivas son impotentes ante la Luz. Si intentan intimidarte, enfréntalas y dí: "Son impotentes. Mi Presencia es el Único Poder. ¡Disuélvanse! ¡Desaparezcan!".

Cuando por radiación o proyección, el temor intente apoderarse de ti, levanta la mano izquierda y proyecta la Llama Azul con la derecha. La Poderosa Presencia YO SOY, es Soberana en todas partes.

Las Grandes Leyes de la Vida

No insistas demasiado para conocer algo acerca de las grandes Leyes de la Vida; no intentes comprenderlas con el intelecto, puesto que te encuentras en un estado de limitación del que puedes salir para entrar en tu Presencia de Luz. ¡No te atormentes para saber porqué estás en este estado, ni como has llegado a él! ¡Lo importante es tomar los medios que se te ofrecen para salir de ahí. Con este fin, brinda tu Amor y tu Adoración a tu Presencia. Sé flexible y dócil. Realiza las Llamadas con decisión y constancia hasta que caigan todos los obstáculos. ¡No insistas sobre las apariencias que no hayan cedido aún a tus Llamadas!

Si cedes, estarás perdido, al menos, de manera temporal. Y tendrás que empezar de nuevo.

La Vida no tiene obligaciones con el ser humano

¡Algunos estudiantes, se imaginan que la Vida tiene obligaciones con ellos! Por el contrario, son los hombres quienes le deben todo a la Vida y, deseo que dejes de acaparar los dones de la Vida, la Vida te colmará de su Plenitud. No olvides que te has apartado voluntariamente de la Vida; que has desdeñado su Belleza, su Fuerza y su Perfección. Ahora tú eres el responsable de volver a Ella de buen grado. Posteriormente, mantén tu posición y dale a la Vida tiempo para que desvanezca todo lo que has acumulado a tu alrededor y libérate.

La Atención en los Estudiantes de la Vida

En todo el mundo, el Gran Director Divino observa a los estudiantes que han tomado consciencia de su Presencia y del Manantial de sus Vidas. Los apoya para disolver y consumir hasta el último vestigio de su creación humana.

¡Si supieras lo que esto significa para el mundo y para ti! Piensa en que eres una parte, un foco individual de la Gran Presencia de Vida. La Única Energía que surge de la Vida, de la Luz. Tienes una terrible sensación de separación con los que te rodean y, no obstante, la misma Vida hace latir tu corazón! ¿Entonces, por qué no existe bondad entre los hombres?

El error de criticar y condenar

Un gran error que cometen los hombres es creer que no se aman los unos a los otros, pero lo que sucede es que no tienen Amor hacia la Vida. No obstante, hay que reconocer que el Yo exterior comete faltas ¡y bien! Pero si lo condenas cometes una falta mucho mayor. ¿No ves que tu condena se aplica a una acción de la Vida? Quien comete un error lo hace abusando de la Vida; has hecho esto en múltiples ocasiones. El que juzga y condena a los demás, condena su Propia Vida, porque no hay sino una sola y misma Vida que te anima a ti y a todos.

Una vez que hayan aprendido esto, los hombres perderán todo deseo de criticar, de juzgar, de condenar y terminarán por desechar sus opiniones negativas. Cualquier progreso es imposible sin lo anterior. Te pido también que procures alcanzar la Armonía completa de tus sentimientos, con el fin de que me permitas enraizar en el mundo la Paz que he venido a ofrecer.

El gran poder de las palabras y los sentimientos

Tus palabras generan un gran poder. Cada expresión que sale de tus labios determina una acción vibratoria constructiva o destructiva. Eres responsable de cada palabra que pronuncies y de cada sentimiento que experimentes.

No obstante, no sientas temor, porque la Vida nunca ha dicho: "Te condeno por los múltiples errores que has cometido". Por el contrario, ella siempre está dispuesta a esperar tu crecimiento.

Las magníficas oportunidades que te ofrece ahora la Vida y el tiempo llegan a su fin. Desengáñate si piensas que tienes que tratar con personalidades humanas. No. Perteneces a la Vida y aunque la Vida sea benéfica e indulgente, no deja de ser una verdad también, que nadie cambia nunca sus Leyes. La Vida Es y Ella es exacta. Pero exige la obediencia de quienes desean alcanzar la Perfección. No es una cuestión de creencia sino de Ley; la Ley de tu propia Vida que es la Vitalidad de todo tu Ser y la Inteligencia que rige tu actividad. Recuerda esto siempre y, en cuanto exista una mínima señal de perturbación en tus sentimientos, guarda Silencio de inmediato y no permitas que salga de tus labios ninguna palabra que no sea una bendición. Sólo con esta condición puedo brindarte mi Ayuda. El Gran Director Divino ha advertido que será retirada la Energía de quienes no se someten a las Leyes de la Vida, que te presta todos sus Dones: salud, fuerza, felicidad y la opulencia de todo lo que necesitas. Otorga tu Servicio a la Luz con enorme gozo y serás colmado por Aquellos que tienen la Autoridad y el Poder para ayudarte.

Por lo tanto, ¡ten cuidado! Tus palabras son creadoras, tus sentimientos son creadores, y algún día serás confrontado con estas creaciones, a menos que las disuelvas de manera consciente con la Llama Violeta Consumidora. ¡Todos los seres humanos viven bajo la Ley y hasta los más escépticos serán testigos de ello!

Bendición

¡Grandes Poderes de la Luz! Yo los invoco, con el fin de que envuelvan a este Bien-Amado Hijo de la Tierra en el Manto inconsútil de mi Paz.

Legiones del Fuego Sagrado, Yo las Llamo en Acción en todo el mundo. Ejecuten mi Orden y disuelvan, alrededor de los que se hayan prestado como instrumento de las fuerzas negativas, todo lo que no es Luz. ¡Impongan el Silencio y establezcan la Paz!

¡Oh, Gran Poder de la Paz! Te llamo a Ti. Que Tu Energía entre en Acción y tome el mando de todo.

Produce las manifestaciones que borrarán de la conciencia de los seres todo lo que es humano.

Grandes Poderes de la Luz Divina, la hora de su Soberanía ha sonado. Reinen en los cuerpos y las almas de todos los Seres.

Que mi eterna Gratitud y mi Amor, envuelvan al Gran Director Divino y a la poderosa Astrea, por la ayuda Ilimitada que otorga a los humanos extraviados.

¡Que todos los estudiantes de la Luz, sean la Gloria resplandeciente de la Verdad de la Vida y la manifestación de "¡La Luz de Dios que no falla nunca!".

¡Paz y Gloria a ti, mi Bien-Amado!
¡Paz y Gloria a América, y al Mundo!
¡Hasta pronto y gracias!

DIOSA DE LA PAZ

LECCIÓN 12

ENSEÑANZAS DE LA BIEN-AMADA ROSA LUZ

La Actividad de Rosa Luz

Bien-Amado que expandes la Luz en los pueblos de la Tierra: Vengo para hacerte sentir el Poder y la Actividad de Expansión que tengo el privilegio de difundir sin límites para ti y, por ti, para la humanidad entera.

Mi ayuda a los hombres consiste en liberarlos por la Llama Cósmica del Amor Cósmico, en el Corazón de Nuestra Gran Iluminación Cósmica. Estoy convencida de que, al envolverte en esta Llama y esta Sustancia, haré que te sientas bien para siempre.

Todo mi Ser y mi Mundo no son otra cosa que la Llama de Amor y de Iluminación: Iluminación del alma, de los sentimientos, de la mente, de la estructura de carne y de la atmósfera. Puedes llegar a ser como una Extensión de mi Expansión, hacia cada Corriente de Vida que contactes; y deseo que en lo sucesivo habites felizmente en la Llama Cósmica de Iluminación de mi Corazón.

Desde hace mucho tiempo, los humanos no me han prestado suficiente atención para poder dar a los que me acepten todo lo que puedo hacer en el mundo físico. Yo soy capaz de desembarazar a todos los que invoquen mi Poder, de todo sentimiento diferente a la Felicidad y la Iluminación de su alma. Posteriormente, cada una de tus inspiraciones y cada uno de los latidos de tu corazón, contribuirán al cumplimiento del Plan Divino de tu Vida y harán de ti una Expansión del Gozo de la Vida.

Mi Llama Cósmica de Iluminación y de Amor, será anclada alrededor de tu cuerpo físico, con tanto Poder que tendrás la conciencia de que esta Llama se interpone entre tú y toda apariencia de problema o de discordia que tengas que tratar. Cubierto por mi Sentimiento de completa Seguridad, te será posible sentir, primero mi Amor y, más tarde, comprender mis Expansiones; será como una iluminación de tu mente que te permitirá actuar con la Sabiduría y el Amor conjugados y actuando en una Llama Única, que da el dominio sobre todas las situaciones externas.

El dinamismo de los estudiantes de la Luz

Deseo ayudar a todos los estudiantes y a cada uno en particular a sentir, de una forma más dinámica, que son dueños de las situaciones en el mundo externo. Deseo despojarlos de todo lo que es artificial, ficticio, porque únicamente el Cumplimiento del Plan Divino, por la Llama del Corazón de cada uno, posee realidad. El mundo exterior está lleno de ilusiones, no es sino una gran fábrica de sueños. Existe una autoridad usurpadora que pretende gobernar el mundo exterior, que intenta hacerlo todo, dirigirlo todo y controlar el destino humano, pero esto no posee ningún poder real. La Única Autoridad sobre cada Corriente de Vida de este Planeta es la Poderosa Presencia YO SOY, en Armonía con los Maestros Ascendidos y los Seres Cósmicos. Toda la llamada autoridad en el mundo externo, no es sino una usurpación de poderes. En resumen, no es sino energía calificada por una pretensión de saber. Pero es evidente que el pretendido conocimiento del mundo exterior, no basta para retirarlo de la angustia.

Vengo, por lo tanto, para darte esta Iluminación por el Corazón, que va a librarte de toda limitación como si se tratara de un vestido viejo que tiras a la basura.

El Poder de Curación

Mi muy querido: cuando la Llama de Vida de mi Corriente de Vida, esta Iluminación interior, a través del Corazón de cada ser individualizado que YO SOY; cuando esta Actividad comienza a crecer y a difundirse por la Llama de tu Corazón, cuyo Amor y cuya Luz se vuelven más intensas por el Servicio Cósmico hacia la Vida, entonces esta Llama y esta Luz, al pasar a través de tu estructura atómica, actúan como un Poder de Curación que disuelven a su paso toda imperfección de la carne.

La Curación permanente

Por lo general, toda curación me concierne, porque una curación permanente se lleva a cabo sólo si la Llama del Corazón reina soberanamente en la estructura atómica. No permitas nunca más a tu mente que te sugiera: "mi cuerpo sufre de algún mal"; "he cometido tal error"; "me ha sucedido esto", etc.

Cada átomo de tu cuerpo puede convertirse en la Llama y la Iluminación Cósmica de mi Amor, si lo decretas, pero al aceptar el dolor y las limitaciones, les das energía y les permites que vivan durante más tiempo.

La Perfección del Ser

Yo me encuentro aquí, ahora, para librar a cada una de tus Corrientes de Vida de toda irrealidad; de todo lo que pretende "vampirizarte", si quieres deshacerte de ella y dejarla caer. Poco importa lo que haya sucedido antes. No mires nunca atrás. Recuerda siempre que, por encima de ti se encuentra la Presencia Maestra de innumerables millones de Seres, cuya Magnificencia, Belleza y Poder, sobrepasan todo concepto humano. Cada uno de estos Seres está listo a hacer reinar la Perfección en cada átomo de tu Ser, sin consideración alguna para la falta de armonía que le haya sido impuesta al Cuerpo.

La Llama Cósmica del Amor Cósmico en su Poder de Curación

Quiero explicarte una Actividad de la Llama Cósmica de Amor Cósmico, en su Poder de Curación y de Iluminación. Tienes que visualizarla como una Mano de Fuego que puede modificar cada fragmento del cuerpo, al igual que un escultor moldea la arcilla y le da la forma deseada.

A su paso, esta Llama puede devolver a cada parte del cuerpo su Perfección primera. Cuando la cera se ablanda por el calor, se puede fácilmente modificar su forma. Cuando la Llama Cósmica de Mi Amor Cósmico te envuelve, Ella puede transformar la carne y restituir a la forma física toda su Perfección. Deseo que te liberes de la obsesión del cuerpo físico. Hay que alimentar estos cuerpos con el concepto de Perfección y ver pasar la Llama Cósmica del Amor y de la Iluminación Cósmica, a través de ellos. Observa como cada parte del cuerpo se vuelve perfecta. Bendícela con la Llama Cósmica del Amor Cósmico y acepta que esta Actividad es permanente hasta que cada fragmento del cuerpo sea la reflexión de la Belleza y de la Perfección del Cuerpo Mental Superior.

Tomemos un ejemplo que puede parecerte trivial, pero que ilustra muy exactamente lo que quiero hacerte comprender. Si tienes una hermosa vajilla de plata, la cuidas bien. ¿O no? Usas mucha Energía de la que tu Presencia te brinda, para limpiar y hacer brillar esta vajilla antes de utilizarla para tus invitados. ¿Por qué lo haces? Porque aprecias esta vajilla de plata por su belleza, su perfección y el servicio que presta, la valoras y, por tal razón, usas tu Energía vital para limpiarla de toda sustancia que opaque su brillo.

Mi muy querido; ¿Es que el Bien Amado Saint Germain no te ha dicho: "Siente la Llama Violeta pasando por tu mano y házla penetrar en cada parte del cuerpo y continúa hasta que la estructura atómica sea liberada de toda sustancia que no sea la Pureza y la Perfección del Plan Divino?". ¿Alguna vez has usado la Llama Violeta Consumidora con la Energía, la concentración, la atención y la determinación indispensables para dar a tu cuerpo el mismo brillo que a tu vajilla de plata? Miles de veces se ha empleado la energía muscular para pulir los objetos de plata. ¿Has usado fuerza muscular parecida con la Llama Violeta para librar la carne de la sustancia que la ensucia y que tapa los Puntos de Luz en el Cuerpo?

El empleo de la Energía Vital

Con excesiva frecuencia, se usa tu Energía vital para mantener en buen estado las cosas que estimas. Deseas por tanto, la Perfección. ¿La deseas lo suficiente para aniquilar de manera instantánea toda afirmación de imperfección que la mente humana eleve contra determinada parte del cuerpo o de ti mismo?

La mente te sugiere que no eres lo suficientemente fuerte; que no eres o no tienes ciertas cosas; que desconoces si haces bien o mal. ¿Qué significa todo esto, mi muy querido? No son sino sugestiones siniestras que pretenden privarte de la absoluta Libertad y de la Perfección de tu Poderosa Presencia YO SOY y de todo lo que los Maestros Ascendidos quieren darte. Te prevengo contra esto porque sería bueno que los estudiantes pudieran disponer de mayor Poder, con el fin de ayudar a los seres humanos.

Espero que lo que voy a decirte no te afligirá. No es mi propósito, pero es necesario que sepas cuál es la causa que conserva las limitaciones en ti y a tu alrededor. Toda limitación que, durante siglos se ha manifestado en la humanidad, ha sido generada por el sentimiento del yo humano, que acapara y acumula alrededor de sí la Sustancia perfecta dada por la Presencia para difundir Felicidad y Bendiciones sobre el resto del mundo. El sentimiento personal ha acaparado esta Sustancia, pero la ha descalificado siempre por sus propios conceptos y sentimientos; dicha Sustancia ha sido acumulada en el cuerpo en lugar de ser bendecida con Alegría y Felicidad y de haber sido puesta en funcionamiento para el Cumplimiento del Plan Divino de acuerdo al Mandato de la Presencia YO SOY.

Por lo tanto, toda limitación, todo deseo humano, todo problema y toda lucha en el mundo de cada uno, son sólo el resultado del sentimiento individual que ha acaparado Energía y Sustancia destinadas por la Presencia a rodear y a bendecir el Todo. El yo se ha opuesto a que éstas discurran; ha creado un estancamiento; ha acumulado alrededor de sí y descalificado, por sus sensaciones y conceptos temporales, la pura Sustancia y Energía divinas!

La Acción de Rosa Luz y la Acción de la Llama Violeta

Deseo ayudarte a ordenar todo esto. Si quieres considerar y sentir que tus problemas humanos y tus limitaciones están formados por sustancias que no han podido discurrir para bendecir el Todo, entonces puedes tomar dicha Sustancia para purificarla. Pasa la Llama Violeta en cada fragmento de sustancia, en tu cuerpo y en tus asuntos que parezcan ser un problema o una discordia cualquiera. Llama y pide a tu Presencia y al Bien Amado Saint Germain que conserve la Llama Violeta en esto hasta que sea purificado. Difunde tu Amor, tus Bendiciones y tu Gratitud sobre esta Sustancia; Ordénale crear la Perfección del Amor divino y házla reinar soberanamente para bendecir toda la Creación. De esta forma, mi muy Querido, todo átomo de sustancia que no produzca la Perfección para ti será disuelto en tu cuerpo; en vez de rebelarte o de odiar la sustancia que aún no ha manifestado la Perfección; en vez de vivir con un sentimiento de lucha o de condena, sabrás que has tenido simplemente esta sustancia demasiado tiempo en tus propios sentimientos humanos imperfectos. Ahora vas a liberarla; debes pasar sobre ella la Llama Violeta Consumidora para purificarla y cargarla con la Perfección de la Llama Cósmica del Amor Cósmico. Puedes decir a tu Presencia y a todo lo que es Luz: "Expande tu Luz y lleva esta Sustancia con Amor para bendecir el Universo". He aquí, mi muy Querido, la Redención de la sustancia de tu propio cuerpo, que ha sido descalificada por la irritación y la discordia del pasado.

La aplicación de la Llama Violeta

Vale mucho más aplicar la Llama Violeta que condenarte por los errores pasados. Supongamos que has cometido faltas ¿quién no lo ha hecho? El mundo está aún lleno de errores: no es por lo tanto, nada de excepcional para ti el que los hayas cometido en determinado número. Todos han cometido tantos errores que no hay porqué sentirte culpable o angustiado y arrastrar el recuerdo de estos errores como un enorme peso sobre la espalda. ¡Libérate de este absurdo!

Si quieres ser realmente notable en este mundo, permítenos que te ayudemos en todo lo que necesites y que sea acorde con la Bondad, el Valor, La Fuerza, el Poder y la Iluminación.Ház notar por el resplandor de tu Luz, y no porque arrastres el peso de faltas pasadas.

El mundo entero sigue obsesionado por la idea de la guerra y muchas otras cosas; ya es hora de que algunos pongan la Luz en acción con la suficiente intensidad para ayudar a los otros. Se deben abandonar las trabas de los errores anteriores y reemplazar esto por la Iluminación del Intelecto y la Llama de Amor del Corazón.

El estudiante de la Vida y la Libertad de toda Sustancia

Un estudiante YO SOY, debe ser notable porque el Bien Amado Saint Germain es notable. ¡muy notable! Si tú eres Su Familia, debes parecerte a tu Padre y a tu Madre (La Diosa de la Justicia). Debes hacerte distinguir por tus

Cualidades. Sería maravilloso si todos los Estudiantes YO SOY se parecieran todo lo que pudieran a Saint Germain, que es notable por el Equilibrio, la dignidad y una Bondad amorosa y caritativa. Él nunca condena; como tampoco los otros Maestros Ascendidos. Esto no le interesa. Pero cuando permaneces en las limitaciones, mi muy Querido, ¡entonces, condenas a la sustancia a quedar aprisionada en descalificaciones humanas!

La limitación y la generación de nuevos problemas

Toda limitación en tu cuerpo, toda limitación en tus sentimientos, toda limitación en tus asuntos, es la condena de la Sustancia y de la Energía que vibra en calificaciones humanas. Permítenos que te ayudemos a salir de esta situación. Sin importar qué tipo de problema, sé un Sol resplandeciente de Felicidad para todo lo que atraviese tu camino. Esfuérzate en ser un Sol de la Llama Cósmica de Amor y de Iluminación para todos. Si haces esto, verás fundirse y disolverse tus problemas y limitaciones, justo cuando ibas a enfrentarlos.

La Felicidad es la Ley en el Universo

¿Sabes cuál es tu obligación en la Vida? Tu obligación hacia cada fragmento de Vida en el Universo, es difundir Felicidad sobre toda Vida. Tu deber es ser feliz porque la

Vida te permite difundir la Felicidad, la Iluminación, el Amor y la Bondad a todos los que te rodean y a todo lo existente, incluso a la estructura atómica de tu cuerpo. ¡Vive simplemente en el gran Gozo de poder bendecir y cargar por todas partes la Felicidad en todo lo que se ponga en contacto con tu Corriente de Vida!

¡La Felicidad es la Ley del Universo! Mi muy Querido: ¡Si los Maestros Ascendidos se abatieran y se sintieran despechados cada vez que los decepcionas, no recibirías mucha ayuda en este mundo! En realidad, los humanos han decepcionado a los Maestros Ascendidos, durante muchos milenios. Por lo tanto, si los Maestros Ascendidos jamás se han desanimado, no existe razón para que los seres no ascendidos lo estén.

Los Maestros Ascendidos se esfuerzan, desde hace mucho tiempo, en hacer salir a los humanos de su angustia, desde mucho antes de que éstos se ayudaran a sí mismos; por lo tanto, no hay lugar para el desánimo en esta Actividad YO SOY.

El Servicio Permanente

La única diferencia que existe entre seres no ascendidos y los que lo están, es que los últimos no abandonan jamás el Servicio hacia la humanidad, mientras que los humanos hacen huelga en el lugar en donde deben prestar el Servicio. Si pudiéramos transportar este sentimiento de abandono al lado positivo de la Vida, se adquiriría tu Libertad. ¡Es el error lo que hay que abandonar y no la lucha contra él!

Siente ahora, mi Bien-Amado, que tu obligación es dar Felicidad a cada Corriente de Vida que contactes y esto, sin distinción ni consideración para tus simpatías individuales; esto no debe contar. Todos son la Vida y la Vida tiene el derecho de recibir Felicidad de tu parte; y si no la difundes, no la conocerás nunca. La Vida devuelve justamente a cada uno lo que brinda a la Vida.

La acción concreta de la Rosa de la Luz

Por lo tanto, vengo para liberarte de todo lo que no es la Iluminación y la gran Felicidad de la Llama Cósmica de Amor Cósmico de tu propio Corazón. Cuando pides a la Llama Cósmica de Amor Cósmico de tu Corazón, que bendiga siempre cada átomo de la estructura atómica, con la gran Felicidad Cósmica y la Iluminación del Amor Cósmico, cada uno puede liberar el cuerpo de toda imperfección. En el curso de los siglos, he podido observar esto. Nadie sabe todavía qué poder de transformación se libera de la Llama Cósmica de Amor Cósmico, cuando se le ordena que bendiga toda Sustancia con la Pureza, la Felicidad y la Expansión de la Luz.

Estoy convencida de que la Llama Cósmica de mi Iluminación, es capaz de apartar de tu mente y de tus sentimientos, la idea de que tienes el derecho de circular en el Universo sin difundir la Felicidad a tu alrededor. Los hombres dicen: "Son asuntos míos, mi Vida; quiero vivir como me conviene y esto no le incumbe a nadie".

Te pido perdón, pero todo lo que la Octava de Luz de los Maestros Ascendidos expande en este mundo contiene Felicidad. Todo lo que la Vida había situado aquí, contenía Felicidad. Todo lo que tu Cuerpo Mental Superior y los de toda la humanidad expanden por el mundo, contiene Felicidad. Por lo tanto, es la Ley de todo el Universo, de este Planeta y de cada Corriente de Vida, y esta acumulación humana alrededor del yo externo, o en la personalidad humana, no tiene el derecho de crear angustia en lo que ha sido difundido para crear Felicidad.

La aportación para mantener la Vida

Puedes rescatar y liberar cada fragmento de Vida que adviertas, de toda calificación que no sea la Felicidad original y el Cumplimiento del Plan divino, pero debes tomar la decisión de no contribuir a lo que genere angustia en otra parte de la Vida. Nunca un Maestro Ascendido entra en contacto en el Cuerpo Tangible con un ser no ascendido, sin hacerlo más feliz; sin aportar, enraizar, difundir y mantener Felicidad ¿Por qué no habrías de hacer tú lo mismo con la Vida?

Te diré algo duro, pero es necesario que despiertes, de otra forma, no puedo iluminarte: ser desgraciado es ser totalmente egoísta. He dicho.

La Acción de la Divina Presencia sobre cada ser humano

¿Cómo puede un ser no ascendido imponer discordia en cualquier parte de la Vida de este mundo? No obstante, por encima de cada uno existe un Ser de toda belleza magnífica y de toda Perfección. Esta Gloriosa Poderosa Presencia YO SOY. Hay gran cantidad de Maestros Ascendidos y Seres Cósmicos que vuelcan desde hace siglos, Su Luz y Su Amor sobre la Tierra. Desde hace dos millones y medio de años, el Bien Amado Sanat Kumara vuelca Su Paciencia, Su Amor, Su Pureza y Su Felicidad en las Corrientes de Vida del Planeta. Todos estos Grandes Seres se han esforzado en sacar a los hombres de la desgracia y en liberar cada Corriente de Vida.

La irradiación de Felicidad

¿No ves, por consiguiente, que la obligación de tu Corriente de Vida es la de irradiar la Felicidad sin importar las apariencias? El pasado ya no te concierne más: lo que se manifiesta ahora es el resultado de causas pasadas. Tú debes crear, ahora, causas que produzcan la Felicidad y la perfección del Futuro. Si después de haber difundido todo tu Amor, tus Bendiciones y tu Felicidad, algo inarmónico del pasado vuelve para ser tratado, no lo sientas y no digas: "Esto no ha tenido efecto", sino tómalo y expresa: "Muy bien, tomaré esta sustancia y esta energía para purificarlas por la Llama Violeta Consumidora y el Relámpago Azul de Pureza Cósmica del Gran Sol Central; y ahora, yo ordeno que esto se convierta en mi Felicidad eterna". Puedes servirte de todas las circunstancias de la Vida y ordenar a esta energía que te brinde la Iluminación Cósmica y la eterna Felicidad. Tu libre albedrío es soberano y lo será siempre.

Te sugiero que te alimentes con la Fuerza y el Poder Hercúleo Cósmico para conquistar toda creación humana, ya sea en ti, ya en los demás o en las circunstancias externas. Llama a la Fuerza, al Valor y al Poder Hercúleos en acción para dominar y desvanecer toda creación humana, en todas partes. Invoca a mi Iluminación para purificar e iluminar todas las circunstancias que percibas y permíteme bendecirlas con la Llama Cósmica e intensificar la Luz en ellas.

El trabajo alquímico con la Llama Violeta

Ahora vamos a entrar en el Reino de la Belleza. A través de los siglos, la Rosa ha sido siempre el símbolo del desarrollo del Plan Divino Perfecto de cada Corriente de Vida. La Rosa totalmente abierta simboliza la Ascensión.

¿Sabes que es posible ordenar al Punto de Luz en cada átomo de la carne que expanda su Belleza a través de la carne igual que una rosa despliega sus pétalos? Toda tasa vibratoria que pasara por tu estructura atómica recibiría Belleza y develaría la perfección de tu Cuerpo Mental Superior.

Espero que recuerdes la imagen que evoco ante ti; ve como cada Punto de Luz en la estructura atómica, toma expansión y difunde cada vez más su Belleza y su Luz. Esta Luz contiene Felicidad. Intensifícala; házla que se difunda alrededor de tu cuerpo, hasta que forme una pura Rosa de Fuego Blanco Fulgurante. ¡Visualízate en el centro de esta magnífica Rosa Blanca de Pétalos de Fuego Blanco! Será esto el símbolo de tus Llamadas, pidiéndome que exprese por ti la Belleza que Yo quiero expandir en la Tierra por mi Iluminación y mi Amor.

Si te encontraras en el centro de una fulgurante Rosa de Puro Fuego Blanco de mi Octava de Vida, con esa Rosa difundiendo su Aroma, su Radiación, su Belleza y su Amor en la atmósfera que te rodea, te sería imposible no ser feliz; esta radiación crearía Felicidad e Iluminación por todas partes.

¿No quieres bendecir la estructura atómica de tu cuerpo y la atmósfera de tu ambiente, primero con la Llama Violeta Consumidora y, posteriormente, ordenar que cada átomo de sustancia se haga tan puro como el Corazón de la Diosa de la Pureza; y que mi Luz y mi Amor se carguen en ellos con la orden de difundir la Belleza que hace feliz a todo el mundo?

Las vibraciones: expresiones de felicidad

Es imposible ver las Bellezas de la Naturaleza y sentirte desgraciado mi muy Querido, si las analizas con toda tu atención; porque de tales Bellezas se desprenden vibraciones que son la expresión de la Felicidad de Ciertas Corrientes de Vida y las absorbes por tus ojos. La Belleza de tus montañas es el Don y la Obra de los Dioses de las Montañas, del Bien Amado Dios de los Alpes, del Poderoso Maha-Chohan, de la Bien-Amada Virgo y de los Seres que dirigen las Fuerzas de los Elementos. Toda forma de Belleza, es el Don al mundo, de la Felicidad de cualquier Corriente de Vida.

Las vibraciones de depresión

Deseo que, al circular en medio de los hombres, les proporciones la Belleza y la Felicidad de tu Corriente de Vida. Que ni uno de los que están bajo esta Radiación, se permita jamás añadir el peso de una pluma a la presión de la discordia que se encuentra ya en la atmósfera de la Tierra, porque posees el privilegio de llamar a tu Bien Amada Poderosa Presencia YO SOY, a los Maestros Ascendidos y a los Seres Cósmicos que te responderán de manera instantánea cargando Sus Grandes Corrientes Electrónicas, Su Luz fulgurante, Su Protección y Su Valor en ti y alrededor tuyo. Que ni uno solo de los que se toman por Estudiantes YO SOY, circule en la vida con un sentimiento de depresión, cuando estos Grandes Seres están listos a hacerte de inmediato feliz.

La causa de toda angustia

¿Cuál es, por lo tanto, la causa de toda angustia? ¿Por qué se es infeliz en un mundo de Luz, de Bendición y de

Perfección? Sencillamente porque el sentimiento humano no ha podido actuar a su antojo. Toda distorsión, toda angustia, todo lo que no es la Belleza de la Octava de los Maestros Ascendidos, ha sido producido por el sentimiento humano abandonado a sí mismo; este sentimiento ha recubierto de estas calificaciones la Luz de la Presencia que contenía la Felicidad. Por lo tanto, este elemento humano que ha osado imponerse puede ser aniquilado y, sobre todo, ¡no cedas nunca ante él! Ni por asomo hemos tenido la idea de ceder ante creaciones humanas, incluso si se han impuesto durante siglos. ¡Nosotros no cedemos jamás! Cuando hemos ordenado a la Felicidad, a la Belleza y a la Perfección que se manifiesten, nosotros conservamos esta Orden hasta que todo cede. ¡No existe otro medio de mostrar el Dominio que tenemos de la Vida!

Mi muy querido: necesitamos de ti como una Puerta Abierta que permita difundir, por tu Orden consciente, la Llama Cósmica de Felicidad Cósmica de tu propia Corriente de Vida, comunicando así la Felicidad a todo lo que contactas, nosotros podemos ampliar esto y emplearlo para elevar el sentimiento de los hombres por encima de la depresión. Mi muy querido: tú que estás en Nuestra Radiación; tú que oyes estos discursos, tú eres la Expansión, el Hijo de Nuestra Felicidad; tú debes habitar en el mundo para sacarlo de la angustia y nunca ser influido por él.

Lo que no produce alegría, produce sombras. Por lo tanto, que cada uno de tus instantes de vigilia se emplee en difundir tu Alegría y tu Felicidad y la Llama Cósmica de Gozo, de Belleza y de Iluminación para todos y en todas partes. Tus ocupaciones no tienen ninguna importancia: ya sea que cultives la tierra; ya sea que te dediques a la costura o a la cocina; ¡qué importa si a cada instante tu Poderosa Presencia YO SOY te da Su Vida pura y feliz y esta Vida es la que debes expandir para dar Felicidad al mundo que te rodea.

Los Servicios hacia la Vida

La Iluminación y la Expansión del Amor de mi Corazón, no es el único de mis Grandes Servicios hacia la Vida; Yo doy también la Orden a toda Vida y Existencia, de ser la Pureza y la Felicidad de la Llama Cósmica de Amor Cósmico. Con el propósito de ayudar y curar a los que piden tú asistencia, es necesario sumergirse en un Océano de Felicidad; entonces se te podrá conferir el Gran Poder Cósmico de Curación, porque la Felicidad es Iluminación y la Felicidad surge de la Llama Cósmica de Amor Cósmico.

No cierres los ojos a mi ayuda

No permanezcas en las sombras cuando por encima de ti, un Amor humanamente inconcebible, expande Su Felicidad, Su Perfección y Su Poder Cósmico por todo el Universo. Siglo tras siglo se ha brindado este Amor, para desbaratar lo que lo humano genera de manera continua.

Que ahora, cada una de tus Corrientes de Vida tome la decisión de transformarse en Mi Rosa Cósmica de Felicidad, de Iluminación y de Amor hacia toda Vida, desde el átomo hasta el Gran Sol Central.

La Rosa de Fuego Blanco

Siente cuál es tu obligación y dame la oportunidad de envolverte en mi Rosa Cósmica de Fuego Blanco, de Felicidad suprema, de Iluminación y de Amor, que eleva todo lo que contactas a la Luz de la Felicidad eterna. Posees el libre albedrío y nada en la Tierra o en el Universo, puede oponerse a lo que estás determinado a realizar. En los momentos de irritación o de cólera, existe una enorme cantidad de Energía y voluntad que se desprende para cumplir lo que has decidido en estos momentos de sentimiento terrible. ¿No quieres desenvolver el mismo sentimiento para liberar mi Llama Cósmica de Felicidad Cósmica, de Amor y de Iluminación y Ser esta Ayuda para la Vida que te mantendrá feliz, al mismo tiempo que elevas a los otros también a la Felicidad? La Llama de Curación de la Felicidad, es la más poderosa Llama de Curación del Universo. Con suficiente Felicidad, todas las enfermedades en la Tierra podrían curarse; y me parece que éste método, es más cómodo que la cirugía o demás medios con los que algunos tratan de ayudar a la humanidad. Eso no nos impide bendecir todo medio de asistencia que ayude realmente a los humanos a vivir en Armonía.

La función de la Música

He aquí porqué la Música Milagrosa del YO SOY está llamada a prestar inmensos Servicios. Es imposible tocar o cantar con una profunda adoración cualquiera de estos cantos dedicados a los Grandes Seres sin ser feliz cuando dichos cantos pasan por tu cuerpo.

A través de la música, los sentimientos pueden purificarse y cargarse de Felicidad; si este maravilloso arte no tuviera este poder, ¿por qué crees que se tocan las melodías que estimulan a los que, de otra forma, desistirían en el camino? Si la música ha sido usada de esta manera, entonces ¿por qué no utilizar la Música YO SOY, para cargar nuestro Mandato de la Llama Cósmica de Felicidad con tal intensidad, Poder y Amor que nada humano pueda subsistir en los cuerpos?

La oportunidad de ser felices

Mi muy querido: si envías suficiente Amor a tu Propia Poderosa Presencia YO SOY y a todos los Grandes Seres de Luz, conocerás la Perfección de la Vida. Ama todo lo posible el Cumplimiento del Plan Divino y nunca más el sentimiento de angustia tocará tu ser o tu mundo. Sé mi Rosa de Felicidad y la Llama Cósmica de Iluminación y de Amor de mi Corazón y Yo te demostraré lo que el Poder de la Felicidad puede aportarte.

El poder de la Felicidad

Las curaciones que se harán por la Música YO SOY, y por la radiación de la Felicidad de los estudiantes YO SOY, se volverán célebres en el mundo entero; impondrán silencio a toda palabra y a todo escrito de los hombres que se hayan opuesto a la instrucción YO SOY de Saint Germain y a esta Luz otorgada por los Grandes Seres. Como Saint Germain te ha dicho, la Felicidad es el Motor de la Existencia. Por lo tanto, si necesitas la Felicidad, ¡aliméntate con la Llama Cósmica de Felicidad Cósmica! Si necesitas dinero ¡aliméntate con la Llama Cósmica de Felicidad Cósmica! Si tienes problemas que resolver, disuélvelos con la Llama Cósmica de mi Templo de Luz y quedarás libre de toda limitación, ya sea en la mente, en el cuerpo o en los asuntos. ¿Podrías representar cuál sería el Poder de la Instrucción YO SOY en el resto del planeta, si al hacer pasar tu Amor, tu Bendición y tu Felicidad a través de tu cuerpo, te perfeccionara y te diera la semejanza con tu Cuerpo Mental Superior? ¿Qué efecto se produciría en la humanidad si todos los humanos fueran bellos, ricos, autoluminosos y capaces de ayudar como nadie? ¿Cuál no sería tu Poder en el mundo de los negocios, de la música, del arte o de la ciencia, independientemente de dónde te encontraras en actividad? Estoy seguro de que todo se lo deberías a Saint Germain.

Los deudores de la Vida

Todos quienes están bajo esta Radiación, son deudores de la Vida de todo lo que son capaces de dar para la Libertad y las Bendiciones que este Gran Glorioso Ser, les ha aportado hasta la fecha. Nunca habrá compensación por la Iluminación aportada por este Verbo YO SOY, ni para el Amor de Saint Germain, que ha difundido para tu Victoria y la Libertad de tu Ascensión. Toda la Tierra no compensaría lo que la Liberación de tus Corrientes de Vida, de toda limitación humana futura, representa.

Cada quien debería considerar como su obligación hacia Saint Germain, la de difundir continuamente la Felicidad, la Pureza y la Llama de Amor Cósmico hacia toda Vida. ¡Sólo sería una débil compensación, en comparación a lo que este Glorioso Ser ha hecho para todos, al trazar el Camino, al abrir la Puerta y al otorgar la Luz!

El Amor de Saint Germain

Mi muy querido: ¿sabes lo que esto significa en Paciencia, en amar durante setenta mil años a una Corriente de Vida que no ha dejado de ser rebelde y de desafiar deliberadamente a la Perfección de la Ley Divina, y a la Orden para el cumplimiento del Plan Divino? Todo esto, no ha hecho jamás cambiar el Amor de Saint Germain, cuanto más espesas las sombras alrededor de una Corriente de Vida, más grande ha sido Su Amor. ¿Te crees capaz de hacer lo mismo?

Mi Amor, Luz y Felicidad te inundan

Acordemos en que cuando pienses en Mí, sientas y visualices Mi Rosa Blanca Cósmica de Fuego Blanco alrededor de ti, Mi Amor, Mi Luz y Mi Felicidad te inundarán; te garantizo que, hasta el día de tu Ascensión, Mi Felicidad te pertenecerá a cada momento. Si no aceptas esto es que prefieres quedarte en las sombras de la creación humana. Esto no es un gran consuelo, pero me esfuerzo a través de todos los medios posibles, en apartar de los estudiantes YO SOY, todo lo que pudiera causarles angustia durante mucho más tiempo.

El Servicio de la Felicidad

Eres mucho más feliz que el resto de los hombres. Puedes serlo todavía mucho más. Puedes difundir tu felicidad y apartar la inquietud del resto de los hombres. He aquí el deber de un estudiante de la Luz. He aquí la obligación de quien ha entrado en el Sendero y al que la Luz y el Fin de la Realización se le han develado. Es tu obligación hacia la Vida la de aportar Felicidad a ella.

¿Dónde estarías ahora si nadie te hubiera consolado y no hubiera tratado de hacerte feliz en tus momentos de mayor angustia? Si se te hubiera abandonado en medio del dolor, ¿no te encontrarías aún en esta situación? Puesto que se te ha dado Amor, Felicidad y Luz, debes ahora difundir Nuestro Amor, Nuestra Felicidad y Nuestra Iluminación en la Vida. Al dar esto libremente a la Vida, te liberas a ti mismo, al pedirte que liberes la Vida por la expansión de tu Felicidad, te ayudo a liberarte, porque tú eres el que recibes la mayor parte de la Bendición que debe pasar por tus estructuras antes de llegar al mundo exterior.

Las cualidades de la Luz

¿Se me permitirá librarte de un hábito que es una causa de depresión para ti: el de estar demasiado interesado en las faltas de los otros? Si estás siempre ocupado por los errores y las limitaciones que te rodean, nunca serás libre. Tienes que desviar tu atención del Yo exterior, tuyo y del de los demás, y concentrarte en la Poderosa Presencia YO SOY, los Maestros Ascendidos y los Seres Cósmicos que gobiernan el Sol, las Estrellas y todo lo que se mueve en el cielo por encima de tu cabeza. Al mantener tu atención allá, absorberás estas cualidades en el Yo exterior y esta Luz siempre creciente, desvanecerá la angustia que atormentaba tu pensamiento. Tu atención, mi muy querido, debe estar fija, primero en la Presencia, en la Luz y las Llamas Cósmicas de estas Magníficas Cualidades, si quieres tener Su Manifestación para el uso del Yo externo.

La aplicación concreta y la práctica de la Atención

Deseo explicarte lo que sucederá cuando practiques lo que te digo. Supongamos que eliges una Cualidad particular, por ejemplo, la palabra "Milagros". Si durante todo un día repites: "YO SOY la Llama Cósmica de todos los Milagros Cósmicos en manifestación; de Su Iluminación, Su Amor Cósmico y Su Felicidad Suprema, que quita cualquier depresión de todos los que yo contacto" o "YO SOY la Presencia que produce los Milagros que nos liberan a todos de inmediato, de todo lo que no es el Gozo de los Maestros Ascendidos". Acepta durante una jornada, que eres la Llama Cósmica y los Milagros Cósmicos, de la Libertad de Saint Germain para toda Vida y nota, si es posible deprimirte. Es verdad que estoy listo a ayudarte a ti y a toda la humanidad, pero no voy a halagar tu apariencia humana. Aclaremos esto para empezar. No estimularé ninguna característica en cualquiera, sino que haré crecer la Llama de Felicidad, de Amor y de Luz de tu Corazón, igual que todo lo que es Perfección, con el propósito de que seas la Felicidad que debes brindar al resto de la humanidad.

Las obligaciones del estudiante

¿Por qué te impongo esta obligación? Porque Yo sé que en el porvenir, nadie permitirá que la depresión usurpe la Energía de tu Corriente de Vida. Sólo al hacer la Expansión de la Llama Cósmica de Felicidad, de Amor y de Iluminación de tu Corazón, llegarás a mantener el equilibrio en tu país, América y el mundo.

El cumplimiento del Plan Divino, procura la Felicidad. Por lo tanto, si no eres feliz, no hay duda de que no cumples el Plan Divino de tus Corrientes de Vida. Pero eres libre y puedes cambiar esto. Tú eres una Llama Divina del Gran Sol Central. Posees un anclaje de esta Llama en tu corazón, y esta Llama es la que Yo hago crecer para mi Llama Cósmica de Amor y de Iluminación, con el objeto de que se registren en tu mente y en tus sentimientos, la presente Explicación de la Ley y las Exigencias de la Vida, en todo lo relativo a la Felicidad de toda la Creación. Todo depende de tu propia determinación: es tan fácil ser feliz, como lo contrario.

Las Llamadas a los Maestros

¡Este Bien Amado Fun Wey! Ningún estudiante ha hecho Llamadas a Él sin sentir de inmediato la Carga de su Felicidad inundando su ser y su entorno.

El Bien Amado Saint Germain, es también un Ser extremadamente Feliz. Él te hace el Honor de considerarte como Su Familia; por lo tanto, pienso que inundarás el mundo con Su Llama Cósmica de Felicidad y de Libertad. Te ofrezco mi Rosa de Fuego Blanco y de Iluminación, con el Amor de mi Corazón; que Su Aroma y Su Llama alrededor de ti, se conviertan en tal Foco Cósmico de Felicidad de los Maestros Ascendidos, que seas amado por todos los que ahí se encuentran; los harás felices y los ayudarás a dar felicidad a los demás, hasta que este mundo se eleve por encima de las sombras de la angustia, y haya vuelto a tomar su lugar en la Luz cuyo Canto de Gozo resuena por toda la Creación. Tu Bien Amado Saint Germain, espera pacientemente que un mayor número de seres humanos empleen la Autoridad de sus Corrientes de Vida, para ordenar a la Luz que tome su Soberanía en la Tierra y permita a su Libertad aportar la Felicidad y la Perfección a todos.

Práctica

Repite la Afirmación: "YO SOY la Presencia que produce el Milagro que nos libera a todos de inmediato, de todo lo que no es el Gozo de los Maestros Ascendidos".

Ordena al Punto de Luz en cada átomo de tu carne, que difunda su Belleza a través de la carne, como una rosa despliega sus pétalos.

Ve cada Punto de Luz en la estructura atómica, expandiéndose y difundiendo cada vez más su Belleza y su Luz; házla difundirse alrededor de tu cuerpo, hasta que Ella forme una pura Rosa de Fuego Blanco fulgurante; visualízate en el centro de esa magnífica Rosa Blanca de Pétalos de Fuego Blanco.

Saludo y despedida

No he tenido muchas oportunidades de aproximarme a ti. No me has hecho muchas Llamadas. Por lo tanto, espero que Llames a mi Felicidad en acción en tu mundo, porque mi Felicidad aporta también la Abundancia de todo lo que deseas. La Iluminación, el Amor y la Felicidad son el cumplimiento del Plan Divino, que no tiene carencia alguna.

¡Canta en mi Honor y estaré instantáneamente a tu lado, para inundarte de mi Felicidad Cósmica!

Te doy las gracias por tu atención, y que unidos podamos aportar más Felicidad a todos.

¡Hasta pronto!

ROSA DE LUZ

ÍNDICE

TÍTULOS DE ESTA COLECCIÓN

Alquimia - Estudios 1. *Saint Germain*
Alquimia - Estudios 2. *Saint Germain*
Ceremonias I. Afirmaciones y Decretos
Ceremonias II. Afirmaciones y Decretos
El Aura Humana. *Kuthumi*
El Aura Humana. *Djwal Kul*
El Discípulo y el Sendero. *El Morya*
El Libro de Oro
El Séptimo Rayo
Enseñanzas Sagradas de Dios
Hacia la Mágica Presencia
Iniciación a la Metafísica
La Aventura Sagrada. *El Morya*
La Práctica de las Llamas
La Santísima Trinosofía
Las Potentes Energías del Cristo Solar
Meditaciones Diarias
Mensajes de Saint Germain para la Era de Acuario. *Elizabeth Clare Prophet*
Misterios Develados
Oración con Jesús y Kuthumi. *Elizabeth Clare Prophet*
Preludio para Ser el Cristo
Yo Soy el Sendero. *Saint Germain*
Yo Soy la Mágica Presencia

Impreso en Offset Libra

Francisco I. Madero 31

San Miguel Iztacalco,

México, D.F.